頂層思維

逆轉人生的神奇心理效應

TOP THINKING

THE MIRACULOUS PSYCHOLOGICAL EFFECTS THAT TURN YOUR LIFE AROUND

趙洪濤 ——— 著

目錄

第一章　突破自我：掙脫固有思維的束縛 …… 007

　　巴納姆效應：客觀全面地認識自己 …… 008
　　青蛙效應：生於憂患，死於安樂 …… 012
　　鏡中我效應：不要被別人左右 …… 016
　　跳蚤效應：不要限定自己的目標 …… 020
　　摩西奶奶效應：不要束縛自己的天賦才能 …… 024

第二章　放大格局：思維方式決定人生格局 …… 029

　　隧道視野效應：不要把自己局限在小的格局裡 …… 030
　　羊群效應：要有自己的主見，不要盲從 …… 034
　　內捲化效應：人要有所追求，而不是重複自己 …… 038
　　奧格威法則：你越厲害才能越厲害 …… 042
　　里德定律：改變人生從格局開始 …… 047

第三章　掌握情緒：不要讓情緒指揮你的大腦 …… 051

　　墨菲定律：越擔心越會出現 …… 052
　　鐘擺效應：學會控制自己的情緒 …… 056
　　踢貓效應：如何避免被別人的情緒傳染 …… 060
　　卡瑞爾公式：壞的學會接受，好的要去追求 …… 064
　　情緒慣性定律：別讓情緒長期占據我們 …… 068

第四章　抉擇人生：在對的方向做對的事情 …… 073
　　洛克定律：人要有目標感才能做得更好 …… 074
　　佛洛斯特法則：準確的定位才能快速崛起 …… 077
　　瓦拉赫效應：找到自己的最佳出發點 …… 081
　　布利斯定理：越有計畫的人越不容易犯錯 …… 085
　　目標置換效應：既要有小目標，也要有大目標 …… 090

第五章　充分準備：讓自己的內心做好準備 …… 095
　　依賴心理：永遠不要把幸福寄託在別人身上 …… 096
　　詹森效應：解除自己的恐懼 …… 100
　　杜根定律：信心是決定成敗的關鍵 …… 104
　　杜利奧定理：點燃你的工作熱情 …… 108
　　淬火效應：驕傲的時候適當潑點冷水 …… 112

第六章　快人一步：行動起來獲得先機 …… 117
　　快魚法則：在最後時刻誰快誰勝出 …… 118
　　首因效應：第一次給人留下的印象很關鍵 …… 121
　　服從效應：出其不意的行動更容易達到目的 …… 125
　　大拇指定律：永遠都要想著當第一 …… 128

第七章　高效行動：讓複雜的問題變得簡單 …… 131

鱷魚法則：關鍵時刻不要做複雜的取捨 …… 132

布里丹毛驢效應：不要把時間浪費在猶豫上 …… 136

奧卡姆剃刀定律：複雜問題簡單化 …… 140

華盛頓合作定律：人多的時候合作最重要 …… 144

洛伯定理：不要什麼事情都自己做，要懂得授權 …… 148

第八章　積極社交：好的社交圈需要智慧和情商 …… 153

交往適度定律：對人太好也是錯 …… 154

重複曝光效應：你出現的次數多了，印象也就深了 …… 158

互惠關係定律：你幫人，別人才願意幫你 …… 163

蹺蹺板效應：在人際交往中要保持收支平衡 …… 168

第九章　勇於博弈：用心理戰以弱勝強 …… 173

槍手博弈：最先死的不一定是弱者 …… 174

囚徒困境：個人最佳選擇並非團體最佳選擇 …… 179

刺蝟法則：保持恰當的距離 …… 182

最後通牒效應：給對手設定最後期限 …… 186

第十章　贏得財富：人人都能掌握賺錢的思維 …… 189

馬太效應：窮人和富人的差距在思維上 …… 190

韋特萊法則：在賺錢這件事上要敢想敢做 …… 194

複利效應：用現有的錢去賺更多的錢 …… 198
二八定律：只做收益最大的事情 …… 203
沃爾森法則：想要賺錢，就要對資訊保持敏感 …… 207

第十一章　完美人生：與這個世界友好相處 …… 213

共生效應：你對別人好，也是對自己好 …… 214
讚美效應：讓人覺得美好的力量 …… 218
雷鮑夫法則：尊重對方，態度謙和 …… 222
換位思考定律：關係緊張時，多體諒對方 …… 227
親和效應：大家都喜歡那個有親和力的人 …… 231

第十二章　居安思危：別讓小事毀了你的成功 …… 235

破窗效應：千里之堤，潰於蟻穴 …… 236
骨牌效應：用細節去影響全局 …… 240
「100 － 1 ＝ 0」定律：
1%的失誤會帶來100%的失敗 …… 244
蝴蝶效應：小疏忽的累積可以引發大災難 …… 248
稻草原理：量變引發質變，要對隱患保持敏感 …… 252

第一章

突破自我：
掙脫固有思維的束縛

巴納姆效應：
客觀全面地認識自己

　　巴納姆效應，也稱福勒效應、星相效應，是由心理學家伯特倫‧福勒在1948年透過對學生所進行的一項人格測驗，並根據測驗結果分析而得出的一種心理學現象。該測驗要求學生對測驗結果與本身特質的契合度進行評分，評分標準為0~5分。結果平均評分為4.26，結果顯示，所有學生得到的「個人分析」大都相同。此時福勒才表明，原來用於測驗的內容是他從星座與人格關係的描述中搜集出來的語句，而其中的很多語句可以適用於任何人。

　　另外，在巴納姆效應測驗的另一個研究當中，學生們採用的是人格問卷的形式，隨後由研究者對報告進行評價。研究者們分析出學生們個性的正確評估，卻給了學生們兩份評估，也就是有一份是假造的，是一些模糊的、泛泛而談的評估。後來，當學生們被問到哪一份評估報告最能夠切合自身時，有超過一半的學生（59%），選擇了那份假的評估報告。

可見，巴納姆效應帶給我們的啟示是：每個人都會很容易相信一個籠統的、一般性的人格描述特別適合他。即使這種描述十分空洞，仍然認為它反映了自己的人格面貌，哪怕自己不是那種人。像一位雜技師在評價自己的表演時所說，他之所以受歡迎，是因為節目裡有大家各自喜歡的成分，所以他可以「每一分鐘都讓某些人上當受騙」。

正確認識自己：擺脫迷思

一個小男孩小時候很貪玩，有一天，他正要去河邊，他的父親攔住他，說：「我給你講個有趣的故事吧！昨天，我和傑克大叔去清掃一個大煙囪，清掃完後，我們鑽出煙囪，這時，你傑克大叔的身上、臉上全部被煙囪裡的煙灰蹭黑了，我身上卻一點煙灰都沒有。我看見他的模樣心想，我一定和他一樣，臉髒得像個小丑，所以我去洗了洗。而他呢，看見我乾乾淨淨的，就以為自己和我一樣乾淨，所以就只洗了洗手，便大搖大擺上街去了。結果你應該能猜到，街上的人笑個不停，說傑克像個瘋子。」

聽完後，小男孩大笑起來。父親對小男孩說：「他人無法做你的鏡子，只有你才是自己的鏡子。」

顯而易見，小男孩的父親和傑克大叔兩人都拿對方當成參照，因此無法正確地判斷自己的情況，從而鬧了笑話。小男孩

後來離開了那群有些調皮的孩子,他經常把自己當作鏡子,以此來審視自己,終於照出他燦爛的人生。所以,在生活中,我們要正確而全面地認識自己,這樣才能擺脫迷思,不致淪為笑柄。

從別人的評價中客觀認識自己

一個人能夠做到客觀地認識自己,其實很難。因為我們平時接觸到的「事實」分為客觀存在的「事實」和我們認為的「事實」兩種。假如我們總是把這兩個「事實」之間劃等號,絲毫不顧它們在本質上截然不同,那麼,會很容易進一步影響我們對自己的客觀看法。所以,一個人要想做到客觀地認識自己,最好的辦法就是從別人的角度出發,比如從別人的評價中去認識自己。

一個男孩打電話給一位老奶奶說:「請問,您需要看護嗎?」老奶奶回答:「不需要,我已經有看護了。」男孩接著說:「我會洗衣做飯,做各種家務。」老奶奶回答說:「我的看護也可以做到這些,不過還是要謝謝你。」「那麼,您認為那個看護怎麼樣?」男孩接著又問道。「我覺得我的看護是個很好的人,我對他非常滿意。你問這個幹什麼?」男孩並沒有回答老奶奶的問話,只說:「打擾了。」就掛了電話。就在這時,朋友問男孩,說:「你不是就在這位老奶奶那裡做看護

嗎？怎麼還要打電話問呢？」男孩回答：「我只是想知道我究竟做得怎麼樣。」不得不說，這位男孩用打電話的方式側面得知老奶奶對自己的印象，是客觀認識自己的聰明做法。

　　有人說：「高看自己，便不能長進；看低自己，便不能振興。」美國一位心理學家說：大部分情緒低落、無法適應環境的人，都是因為沒有自知之明，沒法正確認識自己。他們總是說自己運氣不好，但處處和別人做比較。只有在生活中善於運用巴納姆效應，能夠做到客觀且全面地認識自己，才能在事業上和生活上處於上風。

青蛙效應：
生於憂患，死於安樂

　　青蛙效應，是一個比較典型的效應，起源於舉世聞名的「青蛙實驗」。實驗人員把一隻青蛙放進裝滿熱開水的鍋子裡，因為受到「熱」的猛然刺激，青蛙會馬上從熱開水裡跳出來。後來，實驗人員又把青蛙放進裝滿涼水的鍋子裡，然後緩緩加熱，雖然感受到了溫度的變化，青蛙卻因惰性使然，並未立刻往外跳，直到失去逃生能力，最終在麻木中死去。

　　經過分析，研究人員認為，這隻青蛙之所以在熱開水的鍋子裡能逃出來，原因是牠受到了熱開水的刺激，所以竭盡全力跳了出來；而在後來的實驗裡，因為刺激來得緩慢，因此青蛙放鬆了警惕，但當牠感受到危機時，自己已經沒能力逃出來了。

　　透過這一實驗結果，讓我想到了有時候我們所面臨的主要威脅，並不是來自突然發生的事件，而通常是在緩慢的過程中形成的。所以，大部分人就會如同青蛙那樣，對於突然發生的

變化，可以順利應對，但對於緩慢發生的變化，卻無法感知，因而造成相對嚴重的結果。因此，我們不能只看到突然發生的危險，而忽略那些緩慢發生而不容易察覺的危險，因為那種危險才是最可怕的。我們應該在任何時候都要保持警惕，謹記「生於憂患，死於安樂」的警句。

主動遠離舒適區

生活中，我們所處的區域，大致可以分為舒適區、學習區和恐慌區。從感受上來說，舒適區是最讓人愉悅的，因為這裡的一切都駕輕就熟，一切都盡在掌握，而一旦離開這種環境，就會讓人手足無措。所以說，一個人要做出改變其實很難，尤其是能夠主動遠離自己的舒適區，可以說要有很大的勇氣才能完成。前央視主持人張泉靈就是這麼一個勇氣可嘉的人。

她在一次演講中，被問到為什麼要從央視辭職去做投資銀行時，她回答說：「時代拋棄你時，連一聲再見都不會跟你說。我是一個充滿好奇心的人，所以即便痛苦，即便要離開自己的舒適區，即便會造成更大的焦慮和不安全感，我還是決定邁出這一步。這一步在外界說起來是華麗轉身。但坦白講，一點都不華麗，這個過程非常痛苦。但人生畢竟有限，如果我能在一輩子，嘗試兩種完全不同的生活方式，面對著完全不同的世界，而且相比於現在的世界，另一個世界又代表著未來的趨

勢。我願意冒這個險，我的好奇心驅使我做了這個決定。」

與其說好奇心是驅動力，倒不如說起關鍵作用的是危機感的存在。因為不甘心做溫水裡的青蛙，也為了能夠在意識層面始終保持警醒，最終才促使張泉靈勇敢地走出自己的舒適區，實現了職業轉換，找到新的自我價值。

時刻保持危機感

說起危機感，華為公司曾經發生的「集體辭職」事件，可以說是一個十分典型的例子。2007年，華為公司發生了「集體辭職」的運動。公司要求，包括創始人任正非在內，所有員工只要工作滿8年，2008年元旦之前，必須辦理主動辭職手續，然後再次「競業上崗」，與公司簽訂1至3年的工作合約，並且廢除現有的工號制度，對所有員工的工號進行重新排序。

這一運動涉及7000名員工，算是當時行業裡一件大事。對於華為為何要進行「集體辭職」運動，李翔如此解釋：「其實非常簡單，業績是企業的根本，只有不斷實行這種嚴酷的制度，才能讓員工始終保持警覺性，以絕對認真的態度投入工作之中。有些員工把這種工作制度當成對自身能力的『壓榨』，其實不是這樣的。這種制度的實行對於企業與員工是雙贏，企業在此過程獲得了利潤，員工則讓自身的能力得到了提升。」

一個企業的發展逐漸穩定下來後，老員工很容易沉溺在現有的成績中，失去了進取的動力，也就失去了工作中的創造性。這對於企業的長遠發展是非常不利的。華為宣導的企業文化始終是充滿狼性的，是拚搏進取，而且時刻保持對危險的敏感、對環境的警覺、對業績的強烈追求，以及對客戶至上的不懈追求。領著高薪、不幹活的老員工其實就如同一隻溫水裡的青蛙，在溫度緩慢變高的溫水中等死，全然不知危險將近，最後只會難逃被煮熟的命運。

　　青蛙效應主要反映的是「生於憂患，死於安樂」的道理。而人天生就是有惰性的，總願意安於現狀，不到迫不得已多半不願意去改變已有的生活。但是，如果一個人或企業長久地沉迷於一種無變化的安逸狀態而忽略了周遭環境等的變化時，一旦危機到來，就會像那隻青蛙一樣坐以待斃。所以，我們要學習張泉靈，敢於走出舒適區，學習華為公司始終保持危機感。不管個人也好，企業也罷，只有拒絕成為溫水裡的青蛙，始終保持危機感和鬥志，才能避免被淘汰的命運。

鏡中我效應：
不要被別人左右

美國的社會學家查爾斯・霍頓・庫利在其著作《人類本性與社會秩序》中提出：很大程度上，人類的行為取決於自我的認知，而這種自我認知主要是透過和外界的互動形成的，別人的評價等是反映自我認知的一個參照。個人透過這個參照來認識自己。另外，作者還曾打過一個特別恰當的比喻：「個人其實是他人的一面鏡子。」庫利的這個理論後來又被稱為「鏡中我效應」。

可見，透過鏡子能使自己快速地建立自我概念。但鏡子往往並不能如實地照到客觀的我。況且不同的鏡子照人的效果也不盡相同。有的鏡子帶有顏色，有的鏡子是凹鏡，有的鏡子是凸鏡，有的鏡子大，有的鏡子小，有的鏡子是圓的，有的鏡子是方的，等等，儘管都是同一人站在前面，但反映出來的鏡中我卻是不一樣的。因此，照鏡子時不要盲目地拿來就照。同時也要不斷地告誡自己，生活中要善用肯定和鼓勵，將身邊的人

改變成我們期望的樣子；也要仔細分辨來自對方的評價，不要被別人的評價所左右。

善用肯定和鼓勵

中國著名教育家陶行知先生擔任中學校長時，某天，他看到一個男生正想用磚頭砸其他同學。陶行知先生立刻制止了這個孩子的行為，叫他到校長辦公室去。然後，陶先生向別的同學簡單地瞭解了一下學生打架的起因和過程，回到辦公室，那個男生在等他。陶先生掏出一顆糖遞給這個學生說：「這顆糖是給你的獎勵，因為你比我準時。」接著又掏出第二顆糖，「這顆糖也是給你的獎勵，我告訴你不要打人，你就馬上住手了，表示你特別尊重我。」

這個學生接過糖，陶先生又給他一顆糖，說：「據我所知，你之所以和同學打架，是因為那位同學欺負女孩子，這正好說明你是非常正義的人。」聽到這裡，那個學生哭了：「校長，我知道錯了。不管同學做得對不對，我都不應該靠打架來解決問題。」陶先生這時又掏出一顆糖，說：「知錯就改，善莫大焉，我還要獎勵你一顆糖。」

作為一名教師，一定要具有一雙能夠「發現」的眼睛，要善於發現學生身上的閃光點，要給學生建立一個準確的「鏡中我」的定位。這種做法對於學生培育自我意識是非常有必

要的。那個想打人的學生最初以為校長因為他打同學，會批評他、說他是個壞孩子，沒想到校長非但沒有說他一個「不」字，還不斷地表揚他。這樣他就會對自己產生積極的評價：哦，原來我在校長心目中不僅不壞，還是個好孩子。這種「鏡中我」的定位，對於他很快認識到自己的錯誤並堅定自己的做人信念，有重要的作用。

不要讓別人的評價左右你

曾經有這樣一位畫家，他年輕有為，立志要畫出讓所有人都驚歎的作品，為了知道別人對自己的畫到底抱持怎樣的看法，於是把自己最得意的作品拿到市場上，並將一支筆擺在旁邊，讓人們可以隨意把他們認為不足的地方給圈出來。

許多人很快聚集過來，在畫上標圈下了自己認為不滿意的地方。回家之後，畫家驚訝地發現，畫上已經密密麻麻地圈了很多處。顯然，在人們的眼裡，這幅畫根本就是一件失敗的作品。

畫家的自信心頓時受挫，從此情緒低落，甚至開始懷疑自己的繪畫才能。他的老師得知這件事後，就教導他，千萬不可以把心思放在那些批評上，並讓他再把一幅風格類似的作品放到市場那裡，唯一不同的是，這次讓行人把他們認為畫得好的地方圈出來。

第二天，畫家便按照老師的意思去做了。讓他大吃一驚的是，當他把作品拿回家時，他發現畫上又都密密麻麻地圈了好多處。

畫家馬上明白了其中的道理。自那之後，他不再盲目聽從他人的讚譽和批判了，他開始潛心創作，最終取得了不俗的成就。

如果你過於在意別人的看法，表示你缺少強大的自信心。假如一個人不具備強大的內心，一般都會被別人的看法左右，從而按照別人的看法和觀點去進行自我認知，致使你覺得自己真的是別人想像成的樣子。不要活在別人的看法和評價裡，更不要讓別人的觀點去定義你。

生活中，人們往往熱衷於隨意評價別人，卻很少用心來審視自己。就好像觀看別人下棋一樣，那些對別人指手畫腳的人，只是把你的棋局看作一項娛樂，贏了，則是他們指點得高；輸了，則是你自己無能。要知道，真正對輸贏負責的人是你自己！要是把棋盤的道理移植到生活當中，道理也是一樣的：誰的人生誰負責，誰的人生誰做主。假如人缺乏主見，被別人的看法和觀點所包圍，那就只會輸得很慘，別人不但不會對你負責，反而會把你的失敗當成新一輪的評價話題。所以，當別人隨意評價你的時候，可以聽一聽，但不要被別人擺佈。

跳蚤效應：
不要限定自己的目標

　　跳蚤效應，最先源於一個關於跳蚤的實驗：生物學家曾經將跳蚤隨意向地上一拋，牠能從地面上跳起超過一公尺高。但是如果在一公尺高的地方放個蓋子，這時跳蚤跳起來，就會撞到蓋子上，而且是一而再再而三地撞到蓋子。很長時間過後，再次拿掉蓋子後，生物學家發現，雖然跳蚤還在往上跳，但再也無法跳到一公尺的高度了，之後便一直都是如此。為什麼呢？其實理由很簡單。跳蚤已經對自己往上跳的高度進行了調整，並且漸漸適應了這個高度，再也沒法改變。

　　其實，不只是跳蚤，人類也一樣。在工作生活當中，大多數人不敢追求夢想，不是因為夢想難以實現，而是因為這個人在內心深處已經默許了一個高度。而這個高度經常會讓他們的水準受限，難以看到真正的努力方向。因此，跳蚤效應給予我們最大的啟發是：對於一個人來說，怎樣的目標成就了怎樣的人生。

自我設限是失敗的第一步

美國名校哈佛大學曾經對一群各方面客觀條件都相差無幾的年輕人做過一個長達25年的調查研究。研究結束後，這些年輕人的生活狀況大概如下：3%有明確的長遠目標的人，25年來從未改變過自己的目標，他們大都成長為社會各界一流的成功人士；10%有明確但短期目標的人，幾乎在社會的中上層工作生活；60%目標非常模糊的人，大部分在社會的中下層進行工作和生活，都沒有做出過特別優異的成績；其餘27%連目標都沒有的人，仍然生活在社會最困苦的階層裡。可見，有長遠目標的人，能夠勇於追求自己的夢想，從而獲得成功；而沒有目標和追求，自我設限的人，最後只有失敗的結局。

在《王者之聲：宣戰時刻》這部電影中，約克公爵自小怯懦口吃，無法在大眾面前流暢地發表演講。但他並沒有停留在自設的牢籠裡，反而是常常把自己置於當眾演講的場景當中，從而讓自己直接面對內心的恐懼，突破自身的局限。他最終發表了聞名世界的聖誕演講，鼓舞了正處於第二次世界大戰中的英國軍民。我們想要成功也應該突破自我設限的牢籠，並將其當作是一種超越自我的成長體驗。而在這場體驗中，越是害怕一些東西，就越是要與其正面交鋒，讓自己在恐懼的人、事、物面前不斷得到磨練。當這世界上沒有你害怕的事情，沒有你害怕的人，沒有你害怕的後果的時候，其實就沒有了自我的限

制。

　　許多人都熱衷於給自己的人生設置太多的假設和前提，以至於我們認為自己沒有希望，無能為力，毫無價值。人生最後悔的事不是失敗，而是「你本來可以」。所以，有夢就去追，不要設限。

沒有目標等於沒有動力

　　1952年夏天的一個清晨，加州海岸籠罩在濃郁的霧氣中。海岸西側的卡塔林納島上，一個年輕的女人進入太平洋向加州海岸游去。如果成功了，她就成為首位游過這個海峽的女性。這位女子的名字叫費羅倫絲・柯德威克。此前，她是首位游過英吉利海峽的女性。一大早，海水凍得她瑟瑟發抖，霧氣很重，就連護送她的船隻都已經找不到了。時間一點點地流逝，成千上萬的人正透過電視注視著她。從以往的渡海經歷中我們得知，她最大的敵人不是疲勞，而是冰涼的海水。

　　15個小時過去了，她被寒冷的海水凍得瑟瑟發抖。她清楚地知道，自己不能再游下去了，於是叫人拉她上船。她的母親和教練正在另一艘船上等她。他們提醒她，她此時離海岸很近了，千萬不要放棄。但她朝加州海岸看去，除了濃濃的霧氣，其他什麼也看不到。半小時過後，人們終於把她拉上了救援的船。但她上船的地點，離加州海岸只有不到半英里！

當她的家人告訴她這個消息後,她非常沮喪。她告訴現場的記者,真正讓她放棄的不是疲勞,更不是寒冷,而是沒法看到目標的恐懼感。

可見,目標是激勵一個人前進的動力。只有當一個人確立目標以後,才能調動其潛在能力,從而創造出最佳成績。一旦沒有目標,就沒有了前進的方向,結果只能以失敗告終。所以,任何時候都不要限定你的目標,如同費羅倫絲‧柯德威克一樣,或許再努力一把就成功了。

高盛公司執行長貝蘭克梵在一次演講中表示,人生是難以預測的,因此不要給自己設限。嘗試著與同樣具有野心的人為伴,讓自己時刻保持成長。所以說,人生充滿著可能性,不要輕易對自己說不可能、做不到,不要像實驗中的跳蚤輕易被那個高度嚇到,不要限定自己的目標,而要勇於挑戰、敢於自我突破。

摩西奶奶效應：
不要束縛自己的天賦才能

在美國維吉尼亞州的一個農場裡，有位農婦，名字叫摩西，看似普普通通的她，卻稱得上是一位傳奇的美國女性。由於她在73歲的時候扭傷了腳，不能再繼續幹農活，幾年後才開始學習繪畫。令人意想不到的是，在她80歲的時候竟然在紐約舉辦了首次個人畫展，一時間名聲大噪，大家都親切地稱呼她為「摩西奶奶」。摩西奶奶直到101歲才去世，儘管她從來沒有接受過正規的訓練，但是對於美的追求使她爆發了讓人難以想像的創作能力，以至於在她25年的創作生涯裡，總共完成了1600多幅作品，簡直可以稱得上是大器晚成。她之前驕傲地說：「上帝會為每一個夢想成功的人打開一扇側門，哪怕你已經到了遲暮之年。」後來，人們將類似的老有所為的真實事例稱為「摩西奶奶效應」。

從這個效應中我們可以得到以下啟示：一個人擁有無限的潛力，如果不去進一步挖掘，這個潛力就會慢慢消失。因此，

即便一個人已經高齡了,也不要因為年事已高而自暴自棄,因為每個人所具有的潛力都是驚人的,關鍵是要善於運用和挖掘。

每個人都能找到自己的「蘋果」

出生在1949年的木村秋則,是住在日本青森蘋果農家的二兒子。但是他最不想當的就是蘋果農。木村秋則在高中畢業後到東京就業,後來回青森相親,與高中同學木村美榮子結婚並繼承了木村家蘋果園,留在青森生活,當了他最不想當的蘋果農。

令人意外的是,多年以後,他種出的蘋果卻成了這世界上最奇蹟的蘋果。因為普通的蘋果在切開後放置一會兒,表面就會變成咖啡色,之後就開始慢慢腐爛。但是木村種出來的蘋果,在切開後,就算放置兩年之久也不會爛,而是只緩緩失水,最終變成淡紅色的乾果。現在,在東京的頂級法式料理餐廳,用木村的蘋果做的料理,預訂已經排到一年之後。然而培育這種奇蹟的蘋果,幾乎花費了木村的一生,十多年來,一家人一直生活在極度的窮困中。他用八年時間等來了七朵蘋果花的開放,十年時間換來果園的大豐收,三十年時間堅持種出顛覆大家印象的蘋果。

木村的故事也隨著他的蘋果流傳到了整個日本,2013年

日本著名導演中村義洋把木村的真實故事改編成了電影,名為《這一生,至少當一次傻瓜》。

第一個蘋果,誘惑了夏娃,造就了人類;第二個蘋果,砸到了牛頓,成就了萬有引力;第三個蘋果,被賈伯斯咬了一口,造就了移動智慧;第四個蘋果,成就了木村秋則,使世界農業產生翻天覆地的變化。所以,每個人都要善於發現自己的特長和優勢,要挖掘自己隱藏的才能。如果是這樣,每個人都將能夠找到屬於自己的「蘋果」。

人生什麼時候開始都不晚

82歲的日本老太太若宮正子,是世界上年紀最大的iPhone應用開發人員之一,作為幫助老年人使用智慧手機的先驅,她當之無愧。

1990年代,當她從銀行職員的職位退休時,就對電腦產生了濃厚的興趣,而她在60歲之前根本連電腦都不會用,甚至連開關機都不俐落。可是,對於長期在家照顧病人的她來說,電腦所能夠帶來的便利,誘惑實在是太大了。於是她憑藉著那股韌勁,不斷摸索嘗試,終於慢慢學會了操作電腦。她僅僅花了幾個月的時間就建立了自己的第一個系統,首先是BBS消息──互聯網的前身。然後,她先後使用微軟筆記型電腦、蘋果電腦,最後是iPhone手機來訓練自己的程式設計技能。

她曾要求軟體發展人員為老年人提供更多的功能，但由於缺乏回應，她不得不親自動手。若宮正子學習了程式設計的基礎知識，在她的努力下，成功開發了一款「雛壇」的應用程式，這是她為日本60歲以上老人開發的第一款應用程式遊戲。現在，她的邀約不斷，蘋果邀請她參加全球開發者大會，她作為最年長的應用程式開發者出席，而且有人親切地稱呼她為「super IT 婆婆」。

如今，在若宮正子曾經學習過的電腦俱樂部網站的歡迎介面，仍然可以看到這樣的話：人生從60歲才真正開始。如果super IT婆婆能夠做到，那麼只要有創意，敢為人先，任何時候開始都不算晚。

顯而易見，人的潛力當然是沒有窮盡的，需要我們積極開發才能使潛力變成實際的能力。就像俄羅斯作家格拉寧說的，如果大家都特別清楚自己要幹什麼，那麼生活將會變得特別美好！因為每個人的能力都比自己預想的大得多。在日常的工作生活中，不管事業是否成功，不管年輕還是年老，只要對自己的天賦有絕對的信心，並積極進行開發和運用，就必定會大有作為。因而，我們所有人都不應該浪費自己的天賦，要充分發掘自己的才幹。渴望成功的人，任何時候開始都不算晚。

第二章

放大格局：
思維方式決定人生格局

隧道視野效應：
不要把自己局限在小的格局裡

在日常工作生活中，我們都會產生這樣的想法：假如一個人在隧道中，視野狹窄，那麼通常他沒辦法做出高明的決策。這個理論被稱為「隧道視野效應」。

這一效應給予我們的啟示是，要想有長遠的眼光和開闊的思路，就必須站在更高、更開闊的地方，只有這樣，才能完善自己，才能有遠見。

因而，在生活工作中，問題的關鍵點不是現在，而是未來。要看到事物以後的發展趨勢，就要有深遠的眼光。

鐵達尼號是眼光的勝利

在電影的輝煌歷史長河中，有一部精彩絕倫的電影《鐵達尼號》。《鐵達尼號》的上映不僅打破了全球影史票房紀錄，還在第70屆奧斯卡金像獎上，獲得了包括最佳影片在內的11

個獎項,其導演詹姆斯・卡麥隆也因此獲得了奧斯卡最佳導演獎。對卡麥隆來說,這番巨大的成功卻並非易事。

在拍攝《鐵達尼號》之前,卡麥隆也曾拍攝過許多大片,並且獲得了絕佳的票房,但他卻認為自己應該有所突破。於是,他找到電影公司,向公司老闆表示:自己打算在船上拍一部長達3小時的「羅密歐與茱麗葉」般的愛情電影。

此前,卡麥隆所拍攝的電影都是動作片,長度最多也就2個小時,至於把愛情片拍到3個小時,那更是聞所未聞。但基於他過去成功的經驗,老闆選擇相信他一次,但與此同時也提出了一條要求:嚴格控制預算。卡麥隆笑著表示預算絕對不會很大,因為場景不過就是一條船罷了。

其實不然。《鐵達尼號》每日花在拍攝上的錢接近25萬美元,有時甚至達50萬美元之多!剛剛拍了一年,公司的預算就已經花完了。公司老闆覺得風險太大了,打算立刻喊停。卡麥隆此刻馬上顯示出男人的本色來,他告訴電影公司:他決定不要拍攝這部電影的報酬,而將這筆錢繼續用於拍攝《鐵達尼號》。他只不過是想證明自己,就輕易放棄了上千萬的酬勞!見他決心已定,電影公司最後終於妥協了。

上映之後,《鐵達尼號》的票房超過21億美元,打破全球影史票房紀錄,同時也是1997年至2010年間,票房最高的一部電影。電影大紅之後,電影公司也拿出了整整1億美元的分紅,當成對導演卡麥隆的補償。由此可見,一個人不能只把眼

界局限在小的格局裡，否則將難以取得更大的成就。

成功只留給具有遠見卓識的人

　　甲乙兩人都在同一個超級市場打工，大家都是從最底層開始幹起。不久，甲受到總經理的器重，連連被提拔。仍然在最底層混的乙心裡不平衡，便向總經理提交了辭呈。

　　總經理聽著乙的辭職陳述，然後說：「你到市場上看一看，今天都賣些什麼。」沒過多久，乙回來說：「只有一個農民在賣馬鈴薯。」總經理問乙：「那麼一車一共有多少袋，需要花多少錢才能買下來？」然後乙又跑了回去，回來後說：「有10袋。」「價格呢？」乙重新又跑回市場。

　　總經理盯著筋疲力盡的乙說：「你先休息一下。」總經理又把甲叫過來，交代他：「你現在就去看看市場上今天賣什麼。」甲很快就回來彙報：「目前只有賣馬鈴薯的，只有一車，共有10袋，價格優惠，品質特別好。」甲還帶回來幾個馬鈴薯給總經理看，並繼續說，「賣馬鈴薯的農民待會兒還會拉一些番茄去賣，我問了一下，價格公道，可以進購一些。」此時，乙終於明白了，自嘆不如。

　　因為甲做事心細，任何事都比乙多想多做，所以能取得更大的成功。由此可見，在現實工作和生活中，遠見和前瞻性會讓你的生活和工作發生巨大的改變，成功自然也只留給那些有

遠見卓識的人們。

戴高樂將軍曾經說過：「眼睛能夠看到的地方，就是實現成功的地方。偉大的人做偉大的事。這些人之所以偉大，是因為他們有堅定的決心，要去做偉大的事。」上學的時候，體育老師會說：「當你跳遠時，眼睛一定要望著遠方，因為只有這樣，你才能跳得更遠。」由此可見，我們若要成就一番事業，必須樹立遠大的志向，有開闊的視野，透過敏銳的眼光洞察現實，預見將來的發展趨勢，才能有助於擺脫困境，最終走向成功。

羊群效應：
要有自己的主見，不要盲從

有這樣一個實驗：把一根木棍橫放在一群羊面前，第一隻羊經過時從上面跳了過去，第二隻和第三隻同時也跟著跳了過去。此時，再把棍子拿走，當後面的羊走到之前擺放棍子的地方，就會像之前的羊一樣跳一下，即使棍子早就不在了。這就是著名的「羊群效應」，也可以把它稱作「從眾心理」。

在日常工作生活當中，關於羊群效應的事情屢見不鮮，譬如資訊科技大熱時，人們都要從事資訊科技行業；做管理諮詢賺錢，大家都一窩蜂擁上去做管理諮詢⋯⋯但需要注意的是，這種從眾心理往往會讓人們丟掉自我。那麼我們應該怎麼做呢？我們應該去做自己真正感興趣的工作，而不是從事所謂的熱門工作。適合別人的事卻不一定適合自己。所以，遇事我們應多一些獨立思考的精神，少一些盲目從眾的心理。

我們不是羊，需要自己去衡量

美國作家詹姆斯・瑟伯有一段十分傳神的文字，是用來描述人們的從眾心理的：「突然，一個人跑了起來。也許是他猛然想起了與情人的約會，已經遲到很久了。不管他想些什麼吧，反正他在大街上跑了起來，向東跑去。另一個人也跑了起來，這可能是個興致勃勃的報童。第三個人，一個有急事的胖胖的紳士，也小跑起來⋯⋯十分鐘之內，這條大街上所有的人都跑了起來。嘈雜的聲音逐漸清晰了，可以聽清『大堤』這個詞。『決堤了！』這充滿恐怖的聲音，也許是大街上某位老太太喊的，也許是某個值班的交通警察說的，還有可能是某個女孩子說的。誰也不知道消息來自哪裡，更沒人知道到底出現了什麼狀況。只見上千個人突然四處逃竄。『往東！』有人喊了一句。東邊離河比較遠，那裡安全。『往東跑！往東跑！』」

可見，正是這種從眾心理，才讓人摸不著頭腦地亂跑亂撞。可是，我們要清楚，我們並不是羊，需要自己去衡量，需要對事情的緣由進行理性分析，要有自己的主見，而不是傻傻地跟著瘋跑。其實，生活中，很多時候很多人也都會犯類似錯誤，比如，領頭羊到哪裡去「吃草」，其他的羊也會去哪裡「淘金」，但前提是，我們要仔細衡量，最終做出對自己更有利的決定，畢竟別人能夠發財的地方，可能未必適合你。

從眾心理讓人變得缺乏創造力

心理學家所羅門・阿希找了7名受試者,讓他們參與一個關於視覺判斷的實驗。工作人員分別遞給他們兩張卡片,第一張卡片上畫著3條長度不一的黑色的線,第二張卡片上畫著1條黑色的線,給他們安排的任務是,分辨第一張卡片上3條黑線中的哪條黑線和第二張上的那條黑線更接近。在這7個人當中,編號為6的才是唯一一個真正的受試者,其餘6位都是助手,這6個人會選擇同一個不正確的答案,那麼這個受試者會更改他的答案來和其他人一致嗎?結果是,已經做出決策的群體成員的決策一致性,會給其他成員一種很強的從眾壓力,這種壓力會讓後決策的成員更加遵從這種一致性。也就是說,隨著選擇同一個答案的人數增多,受試者的從眾效應會增強,會迫於群體壓力而更改他的答案來和其他人一致。如果有一個人和他的答案一樣,那麼受試者從眾效應會減弱,開始相信自己的選擇。

由此可見,盲目從眾的結果是錯失了「正確答案」,即便我們心中有了自己的答案,面對類似情形時,多少都會有些動搖。但是假設都如此,人們全都盲目跟從一個錯誤的答案的話,後果多麼可怕。所以,現實生活中,我們不能一味地懷有從眾心理,而更需要堅持主見,寧願自己得到的是錯誤的答案,也不要喪失思想上和行為上的獨立性,最終變成一個缺乏

創造力的人。

　　對於個人或企業而言，跟在他人後面盲目從事的結果只有被吃掉或者被淘汰。要想生存，最關鍵的要素就是有自己的見解和創新，另闢蹊徑才是你從眾人裡凸顯出來的捷徑。因此，無論是到公司上班還是自己創業，保持創新、獨立解決問題的能力，始終是最為重要的。投資亦然。與大眾背道而馳往往有被踐踏的危險。但是，投資更像是打一場硬仗，勝利的號聲總是傾慕那些與眾不同的人。當然，這同時也表示，智者總是可以嗅到與別人不同的資訊，並採取相應的方法付諸行動。因此，凡事只有敢為人先，勇於開拓，大膽地去做別人沒做過的事，堅持自己的主見，才能打破常規，有助於摒棄從眾心理，最終獲得更大的勝利。

內捲化效應：
人要有所追求，而不是重複自己

　　內捲化效應指的是，長期以來從事同樣的工作，並始終保持在一定的水準上，不尋求變化，沒有改觀。類似的這種行為，大多是自我浪費、自我懈怠的表現。

　　1960年代末，美國一位名叫克利福德・格爾茨的人類文化學家，曾經在爪哇島生活過一段時間。但是讓人意外的是，這位長期居住在風景名勝區的文化學家，並沒有心思欣賞如詩如畫般的美景，卻醉心於研究當地的農耕生活。他眼中看到的都是犁耙收割，日復一日年復一年，這裡一直停留在一種簡單重複、沒有進步的輪迴狀態，這位學者把這種現象稱為「內捲化效應」。

　　事實上，一個人能夠進到內捲化狀態的根本原因就在於精神狀態和思想觀念。只要陷進這種狀態，便好像車入泥濘，裹足不前，平白無故地浪費著有限的資源，重蹈覆轍，虛度著珍貴的人生。因此，每個人都要有所追求，而不要每天都是簡單

地重複著昨天的生活。

「鐵飯碗」正在一點一點地毀掉你

　　小李在一家規模很大的公司從事了五、六年的助理工作，公司一直在引進新員工，周遭同事也都有所進步並得到升遷機會，但他依然做著助理工作，在原地徘徊不前，每日做著千篇一律的工作，絲毫沒有轉機。老張做了15年的「技工」，一同進廠的已有人做了高級技工或者主管，但他仍然是個工作在基層的技工。老周20年前創作的一部作品使他聲名遠播，人們都斷定他前途一片光明，可是20年光陰流逝，他的創作水準再也沒有長進，至今仍然沒有新作品問世。

　　綜觀以上內捲化效應的例子可知，大家都以為進入一個好公司，端上「鐵飯碗」就高枕無憂了。其實，不管你願不願意承認，在當今社會，真正的「鐵飯碗」已經隨著時代大潮消失了。而人們現在所說的「鐵飯碗」，可能正在一點一點毀掉你，讓你的學習能力逐漸退化，從而變得安於現狀，不思進取。

不懼挑戰，只為不做重複的自己

　　電視劇《我的前半生》中的羅子君，婚變讓她從一個只會

逛街、每天家長裡短、擔心丈夫出軌的家庭婦女，變成一個獨立自主充滿魅力的職業女性，讓離開的前夫後悔離婚，讓原本高高在上的高級主管心儀。

當她被推出家庭，要面對一切，面對生活，面對職場，一步一步地脫離自己的舒適圈，去適應變化時，痛不痛呢？這個過程一定是很痛的，但這種撕裂般的成長所帶來的變化，是不可估量的。

她離開調查公司的時候說，這個場景和離婚時很像，但是，心情完全不一樣，這個時候的她，更加的自信，知道自己要什麼，知道自己能做什麼。面對變化，她一點都不害怕。當然，不是說讓我們期待變故，而是希望在變故來臨之前，我們可以準備好適應變化的能力，或者，在變化還沒有來臨之前，我們感到懈怠的時候，能夠找到持續自我成長的管道。

羅子君的經歷告訴我們，從家庭主婦到職業女性，她所走的每一步都是對自己的挑戰，而她能夠不懼挑戰，一步步魅力變身，其關鍵就在於不想做重複的自己，因為她已經變成了一個有追求的人。

人生就是這個樣子，自己不尋求改變的時候，就只能被別人的改變所影響，自己的改變還可以主動地去選擇，但是別人的改變就只能夠被動地去接受，被迫接受顯然是痛苦的。當我們還可以自主去選擇的時候，一定不要選擇原地踏步止步不前，當所有人都在奔跑的時候，你的行走就變成了後退。其實

在內捲化效應下,每個人對於資源的消耗都是非常巨大的,包括精力和時間等。因此,我們只有努力發揮優勢,不斷改變想法,積極提升能力,奮力實現目標,才能走出內捲化的泥淖,為生活和事業開闢一片新天地。

奧格威法則：
你越厲害才能越厲害

　　奧格威是位有名望的某廣告企業的創始人。奧格威之所以能夠成功，主要因為他愛惜人才，他覺得只有有才幹的人才能打造一流的公司。有一次，在公司董事會上，他在每一位與會者面前擺放了一個玩具，說：「請大家打開看看，那裡面裝的是你們自己！」各位董事都吃驚不已，然後將信將疑地打開包裝。他們看到的是一個同類型的更小的玩具，反覆幾次之後，直到打開最後一個包裝時，他們才發現玩具上貼的紙條。那個紙條是奧格威寫給他們每一個人的，大概意思是：如果你始終都只雇用比自己水準低的人，那公司將會淪為侏儒；如果你敢於雇用比自己水準高的人，那公司將會變成巨人！自此之後，人們把這個說法稱為「奧格威法則」。

　　顯而易見，一個公司不缺好產品、好設施以及雄厚的財力，但那又怎樣呢？僅有財和物，並不能帶來什麼變化，只有引進大批優秀人才把產品推銷出去，才是最重要的。因此，若

想使公司充滿生機活力，必須要做的是選賢任能，雇請一流人才，而不能武大郎開店，害怕對方超越自己。要知道，你越厲害才能越厲害，企業也是。

谷歌公司對人才的重視

谷歌創始人賴利・佩吉是一個追求完美的人，在聘請員工時，要求電腦專業、管理專業的人是不聘請的。烏爾斯・霍澤爾就是谷歌的前10名員工之一，他也是谷歌人才聘用系統的建立者，他現在是谷歌公司的技術架構高級副總裁，因為賴利・佩吉僅僅聘請最機敏的人才，基於僅僅高IQ並不能讓人具有創造力或成為團隊的指揮者，於是谷歌公司設計了一個嚴謹的招聘流程，這也是一個偉大的起點。

烏爾斯・霍澤爾解釋道：「在一個剛創業的公司裡工作，我的體驗是極差的，員工很快就從7個人變成了50個人，我們的生產率反而大不如以前，因為新來的工程師消耗了我們大部分時間，而我們將團隊控制在15個人以內，每一個人都變得很出色。」

從谷歌公司聘請的前100名員工個人發展來看，有一些人成了雅虎和美國線上的執行長、投資家、慈善家，還有一些繼續在谷歌工作，領導著谷歌的廣告、產品和技術業務，這與谷歌嚴格的招聘標準和對招聘的重視程度密切相關！

事實上，19年後，在谷歌前100名員工中還有三分之一在谷歌繼續工作，這是極其罕見的。谷歌公司很關注員工人數的增長，從10人到10000人，是因為谷歌有很多工作需要人去完成。賴利·佩吉曾這樣說道：「從員工人數的角度，我們還是一個中等規模的公司，我們只有10000多名員工，有些公司早已百萬員工，這就是一個100因數，如果我們的員工人數達到了百萬時，我們能做些什麼呢？」他常常告訴員工，在將來每一個谷歌人都能經營一個跟今天的谷歌一樣大的公司，同時，仍然是公司的一部分。

華為公司的人才管理藝術

華為公司在市場方面的成功，不只源自技術的投入。要知道，技術是由人創造的，技術競爭歸根結底是人才的競爭。從過去三十年發展看，華為的人才管理無疑是成功的。目前華為擁有約18萬員工，約90%是知識型員工，且有非常大比例的員工是外籍人員。

比如在世界行動通訊大會上大放異彩的華為5G。據悉，華為早在2009年就組織全球無線領域的多位「大咖」，投入5G標準和技術研發中。到目前為止，華為已為5G投入數千名研發人員，分佈在全球多個研究機構。透過一系列的努力，華為得以在世界行動通訊大會上發佈5G端到端全系列產品解決

方案。

所以,華為公司的人才觀和人才戰略引起社會各界重視。「勝則舉杯相慶,敗則拚死相救」、「蓬生麻中,不扶而直」、「猛將必發於卒伍,宰相必取於州郡」……許多華為踐行的人才管理金句,被各界學習與採用。

華為不追求利潤最大化,不追求股東價值最大化,而是把公司的長期有效增長作為首要目標。

在華為公司的投入架構中,關於人力資本這方面的投入始終處於優先和超前的位置,充分說明了先有人力資本的投入,再有財務的增長和高投資的回報。這裡講的人力資本,主要包括員工的教育水準、智力、技能和學習能力、創造力、團隊合作生產力和員工數量等。財務資本主要指股東權益、總資產等。

華為認為,從當期的損益來看,人力資本的超前投入會增加短期的成本,大量招人會增加工資支出和期間費用支出,有可能減少公司的當期效益;但從長期來看,能抓住機會、創造機會,增加企業的長期效益和價值。

由此可見,管理者的境界決定了公司的高度。在用人方面,不敢聘用比自己強的人,會限制整個隊伍進一步發展壯大,讓公司的發展遭遇天花板。突破天花板是一個痛苦的過程,管理者把心打開,善用比自己強的人獨當一面,自然容易迅速打開局面。高明的領導者善於發現那些能力特別突出的

人，甚至是能力強過自己的優秀員工。要堅信，一個公司只有人才越厲害，公司才能越強大；一個人，只有敢於接納比自己更優秀的人，才能越來越優秀。

里德定律：
改變人生從格局開始

花旗銀行是世界領先的金融機構之一，該公司在環境的變化對經營的影響方面，有著十分深刻的認識。該公司總裁約翰・里德就曾經指出，如果有誰認為今天存在的一切將永遠真實存在，那麼他就輸了。這句話表明：環境是不斷變化的，今天的一切不會永遠真實存在，假如企業家無法洞察這些變化，那他就徹底輸了，他的企業也會面臨舉步維艱的處境。因此，如果想經久不衰，就不能經久不變。不管是個人還是企業，里德提出的這一定律都適用。

騰訊微信的主動出擊

在一個快速變化的動盪時期，領先公司最怕的是被顛覆。諾基亞、摩托羅拉、柯達等一些家電巨頭，都曾是顯赫一時的公司，但在應對顛覆浪潮時，沒有主動出擊，只有被動應付，

最終落得美人遲暮、日薄西山。在大顛覆時代，有沒有守護至尊地位的法寶？騰訊公司給出了答案——它以小專案使團隊創新的模式，主動出擊，從內部進行自我顛覆，成功地推出了微信，引領著時代的浪潮。

毋庸置疑，公司領導者最怕的就是被顛覆。由於數位技術的突飛猛進，自己原有的市場競爭門檻越來越低，新創企業不斷冒出，許多行業領軍者很可能在短時間內失去領先地位。威脅來自技術引發的使用者需求和商業模式的時代變遷，鮮有公司能夠正確應對威脅和顛覆，大象級企業被拱倒是常事。

微信的商業化是一個自然而然解決用戶需求的問題，最終演變成幫助傳統企業用戶實現O2O的商業模式。微信轉帳功能需要加了好友才能進行操作，為了方便大家的使用，微信團隊推出了「收付款」功能。使用者只要打開並授權二維碼，不用加好友，也能夠把錢轉給對方。這個功能推出後，越來越多的小商家開始用它取代線下收款和POS機業務。還有些商家自發地推出微信支付打折活動，來吸引顧客。有了微信「收付款」後，每一個微信用戶都成了一個收銀機，能夠很輕鬆地完成支付，現金的用處越來越式微。

微信的支付產品，在短短的兩年多時間裡，已經發展3億綁卡用戶，而且增長勢頭還非常迅猛。現在，50%以上的微信活躍用戶都已經有微信支付的能力，而這種功能讓支付過程非常簡單，很方便就促成一筆交易。如今，騰訊正在把微信支付

打造成各行各業支付的綠色通道。

小米的求生之路

手機是一個競爭十分激烈的行業,格局始終在變。從0到450億美元的估值,小米只花費了4年半的時間。盛極而衰這個「咒語」始終在智慧手機行業流行。三星曾經出現的炸機現象,OPPO和vivo手機的異軍突起,極其具象地凸顯了智慧手機行業格局不穩的特點。

小米也曾走到過瓶頸期。創業伊始,小米將性價比和電商模式等一系列互聯網思維的優點發揮得酣暢淋漓,但沒過多久,就觸到了天花板。就拿管道說,電商只能占到國內智慧手機銷售20%~30%的份額,小米大概能占到電商銷售份額的一半。然而核心問題出來了,小米始終觸碰不到其餘70%~80%的消費者。另外,像OPPO和vivo這類的傳統手機廠商正在慢慢崛起,這些公司最大的優勢是龐大且可控的銷售管道。當然,不僅僅是銷售管道,供應鏈、品牌等問題都一股腦兒砸到了小米頭上。

雷軍開始研究美國零售商好市多、同仁堂、海底撈,現在又加了一個:日本的無印良品。在不同階段,他也在學習不同方面。兩年前的某次訪談中,雷軍反覆提到好市多,想學習的是「收取會員費的盈利方式」,而現在提到好市多,他認為更

應該學習效率的革命。

在提高零售效率上，雷軍的觀點也發生了變化，兩年前他認為只需要兩點，一是做好小米網，二是宣導用戶口口相傳。但現在他的觀點也變了，不僅要革線上的命，還得革線下管道的命。站在十字路口，雷軍想了將近七個月。他的解決方案是創建小米之家，這是一種結合了好市多和無印良品兩種產品的綜合體，所有產品都出自小米、米家，庫存單位保持在大約20個，雷軍希望小米之家能成為中國的好市多，「只要裡面的東西是需要的，就不用考慮價錢，因為一定是性價比最高的。」

「環境與機遇，是企業家經常探討的一個話題，任何企業都不能完全複製別人成功的模式，就像種子和土壤一樣，同樣的種子落在不同的土壤裡，也會結出不一樣的果實。」因為市場一直在變，政策也一直在變，企業的生存之道也該是適時變化的，上一個週期的營運模式在淘汰之後應該立馬尋找合適的新模式，否則就會被別的企業淘汰。物競天擇，適者生存。世界唯一不變的是變化。「微信之父」張小龍和小米創始人雷軍二人的成功就是敢於改變，而不是坐守現有的成功度日，等著別人超越。因此，一個人的格局有多大，就能夠取得多大的成功，改變人生從改變格局開始。他們二人能有今天的成就，不得不說是個人格局使然。

第三章

掌握情緒：
不要讓情緒指揮你的大腦

墨菲定律：
越擔心越會出現

　　墨菲定律是由愛德華・墨菲提出的一種心理學效應。1950年代初，墨菲和其身為少校的上司參加了美國空軍舉行的關於火箭減速超重的實驗。實驗的主要目的是測試人類對加速度所能承受的極限，其中一個專案是在受試者上方懸空安裝16個火箭加速度計。要想將加速度計平穩地固定在支架上，大致有兩種方法，可是讓人意想不到的是，有人竟然把全部加速度計安裝在錯誤的位置上了。最後，墨菲據此得出了論斷：假如完成某個項目可以有很多種方法，但某一種方法可能導致事故，那麼一定會有人按照這種方法做。小機率事件在某個活動或實驗中可能發生的機率很小，人們就會產生一種錯誤的理解，就是在這次活動或實驗中根本不會發生。但是，正是因為這種錯覺的存在，使得人們的安全意識逐漸淡薄，反而增加了狀況發生的可能性，導致狀況發生的機率更大。

　　墨菲定律大致可以概括為：假如事情有變壞的可能，無論

這種可能性有多小,它總是會發生。也就是人們通常說的:越擔心越會出現,怕什麼來什麼。

一旦轉錯一次彎,就會一直轉錯彎

生活中,大多數人都曾有過類似的體驗:越在意的事反而越會出錯。比如你在某一路口轉錯過一次彎,而每當你行駛至該交叉口時,就會不自覺地想起自己上次轉錯彎的經歷,於是你會格外小心,告訴自己這次一定不能出錯,但結果往往事與願違,你又一次轉錯了彎。那麼,為什麼會發生這麼令人討厭的結果呢?其實,這種情況之所以會發生,主要是記憶的怪癖。每當你走到轉彎處,都會試圖回想上次在這裡發生過的事情。可是此時,向左轉時發生的事,你絲毫不記得,右轉時發生的事卻記憶猶新。這個十分重要的路口,激發了你關於向右轉時的記憶。所以,在權衡了疑問和肯定之後,你會匆匆地選擇轉向右邊。

如果想更好地應對這個交叉路口,你可能會需要一點厭惡療法。比如當你正向右轉時,遭到了一次電擊,你肯定會記得不要再這麼做。因為在下一次到轉彎處時,你的記憶會讓你把「向右轉」和「傷痛」聯繫起來。需要注意的是,要產生這種效果,衝擊必須在看到交叉口的瞬間發生,如果不是這樣,可能無法發揮出應有的效果。

怕什麼來什麼

小李是一家外貿公司的生產經理，最近公司業績很好，不斷接到大額訂單，但是他卻為此發愁，不斷膨脹的壓力每天折磨著他。原以為每次接到新訂單，就只要盯著工廠去生產就好了，但是最近卻老是在出各種狀況和意外，最後的結果不是產品抽檢有問題，就是交付時超過了訂單截止日期。

如果就此放任，將問題的根源歸結於時機不好或是上天搗亂，似乎這種狀態就會一直持續下去，那麼真的無解嗎？小李決定將一週的計畫安排和可能存在的問題列成一張表格，這樣就可以清晰地看到這一週的發展情況，並提前做好預防和應對。於是在週一前的週末，他已經把表格準備好了。

週一這天一切進展順利，直到第二天早上，機器也沒有出現任何故障和問題。而且，週一的時候，小李已經提前讓員工檢查了設備情況，做了修復，甚至還準備了應急設備。

但是，週二早上，原料還是沒有送到，雖然本來和原料方的約定是中午交貨，但以防萬一，小李給原料方的代表打了電話，確認了一下具體送貨的到達時間以確保不出意外。原料方很快就回覆了小李，只要等到中午原料送達，檢查一下就沒什麼問題了。知道中午原料送達，小李放心地吃飯休息了。到了下午兩點多的時候，工廠主任找到小李，說產品出了問題，不明所以的小李趕忙去工廠檢查成品情況。

原來是有一條生產線的零件模具出了偏差，導致最後的產品出來之後不達標，但幸好只是生產了500多個出廠樣品出了問題。因為這次原料送達及時，可以用新原料補上，抓緊時間繼續生產。然後，小李在第一時間向原料方又加訂了貨，對方承諾第二天一早就能送來，這樣就不會耽擱現在的生產進度，一切還是正常銜接上了。而且小李為了按時交貨，將每天的計畫生產量都提高了一些，這樣也還是能夠正常趕上進度。但是經過這次意外的發生，小李也意識到了提前思考生產過程，準備充足並且有縝密的計畫有多麼重要。

　　很多人都很好奇，生活中為什麼會有這麼奇怪的現象：越不可能出錯的地方越會出錯；越想將事情做得盡善盡美，越會使得它變得更糟；害怕事情出錯兒什麼也不做，即便如此，也還是會出錯……其實，這些奇怪現象，墨菲定律可以完全進行解釋，即：假如事情可能會變壞，不管這種可能性有多小，它總是會發生。所以，在處理任何事時，我們要盡量想得周全一些，假如真的出現問題，甚至造成損失，就笑對一切吧，主要是需要從錯誤中吸取教訓，不要欺騙自己。假如能做到這一點，你就可以做到處事不驚了。

鐘擺效應：
學會控制自己的情緒

關於人的情緒，心理學家一般會將其分為正負兩極，能夠使人們興奮的是正極，致使人們情緒低落的就是負極。他們提出的觀點是，當人們的心理受到外界事物刺激的時候，人們的心理狀態便會出現多層次性與兩極分化的狀況。大家應該都曾有過類似的體驗：剛一聽到自己被升職或加薪的消息時，簡直興奮不已，可是回家以後，心情平靜下來，突然發現這也沒什麼值得高興的，有的人甚至開始對未來的工作感到擔心……這其實恰恰表明人的情緒會朝著兩極擺動，即心理學上說的「鐘擺效應」。鐘擺效應指出，在一定情境下產生的心理活動過程中，付出的感情越多，產生的「心理坡度」就越大，因而極易轉化成相反的情緒狀態。也就是假如你此刻感到無比興奮，那另一種反向的心理狀態很有可能會在其他時刻難以避免地產生。

透過對鐘擺效應的解釋，我們可以知道，當人的情感在受

到外界刺激時，就會出現多度性以及兩極性的特徵，並且每一種情感都會呈現不一樣的等級，比如開心、比較開心和特別開心，而且還會有相對應的情感狀態，如愛和恨、快樂和憂傷等，大家經常提到的因愛生恨、喜憂參半等，其實都是鐘擺效應在作祟。因此在工作生活當中，我們必須學會控制情緒，管理好情緒，主導個人的情緒。

正極情緒激發潛能

關穎珊是花式滑冰的華裔運動員，素有「冰上玉蝴蝶」的稱號。2002年冬季奧運會時，她自信滿滿地參加了比賽，她的目標只有一個，就是獲得金牌。可是，也許是太想得到第一名了，在重壓之下，她沒有完全放鬆自己，以至於個別動作做得並非盡善盡美，因而在最後一場比賽之前，她的比賽成績只排在第三名。在最終的自選項目裡，帶著這樣的成績比賽，她只有兩個選擇：一是穩妥，保住季軍位置；二是冒險嘗試自己從未嘗試過的高難度，成功了就是冠軍，失敗了就名落孫山。

關穎珊最終選擇了後者，因為她想要的是冠軍，而第三名和名落孫山對她而言沒有區別。正因為那是她從未嘗試過的高難度，自己也沒有十足的把握，反而讓她把之前的心理壓力完全拋開了，能夠以一種無比輕鬆的心態繼續接下來的比賽。在長曲項目中，她結合難度最高的三圈跳，而且是連跳了兩次，

結果才使得她完成逆襲,最終取得了冠軍。

可見,關穎珊將極度壓抑的情緒釋放後,使之變成了極大的正極情緒,正是這一做法,將她往冠軍的頒獎臺上推了一把,不得不說這就是正極情緒所激發出來的潛能。所以,任何時候,不管面對多大的壓力,我們都要學會控制好情緒,使其有助於實現自己的目標。

負面情緒造就遺憾

在工作生活中,千萬要調控好我們的情緒。負面情緒來時,我們宣洩釋放,使之轉變成正面情緒;正面情緒來了,我們要做的就是警惕樂極生悲。跳水運動員王克楠在一次奧運會比賽中,在比分遙遙領先、原本很興奮的情況下,正是因為沒有控制好情緒,最後飽受了負面情緒之苦,造成遺憾的產生。

2004年的雅典奧運會,男子雙人3公尺跳板的決賽上,彭博和搭檔王克楠的成績始終處於第一名,在這種情況下,就算他們最後一跳出現了失誤,依然可以奪得冠軍。但偏偏在這種成績極其樂觀的情況下,王克楠最後一跳卻從跳板上直接掉下來,摔進了水裡。熊倪說,這種失誤對於一名跳水運動員來說,是根本不可能發生的。就因為沒有掌控好自己的情緒,王克楠樂極生悲,與冠軍擦肩而過,也給自己的運動生涯留下了一絲遺憾。

由此可以得知，當人處於特別強烈的負面情緒裡時，就會產生兩種結局：一種是把負面情緒完全釋放出來，透過鐘擺效應，使壓抑的情緒向正面情緒發展，激發潛能，創造奇蹟，就像關穎珊那樣；另一種是被負面情緒打敗，最終留下遺憾，就像王克楠那樣。所以，我們應該保持理智，對情緒進行積極的調控。在愉快興奮的同時，盡量讓自己保持冷靜，不可得意忘形，從而造成不好的結果。當我們情緒十分低落的時候，就要盡可能遠離相關刺激源，將自己的注意力轉移到能讓自己打起精神、平心靜氣的事情上。實踐充分表明，只要控制好情緒，就可以主宰命運。

踢貓效應：
如何避免被別人的情緒傳染

在日常的工作生活中，大多數人受到批評後，最先做的並非冷靜下來仔細想想，自己為什麼受批評，而是心懷不滿，只想找個人去傾倒自己的苦水。比如，一個人因為工作出現錯誤而被老闆批評了一頓，回到家後，他把頑皮的兒子臭罵一通。他的兒子心裡不是滋味，就使勁踢了一腳身邊的貓。貓嚇得跑到大街上，這時恰巧有一輛卡車朝牠開了過來。為了避開貓，司機卻撞傷了路邊的孩子。這一連串糟糕情緒的傳播造成了惡性循環，最終導致了車禍的發生。這也就是心理學中的「踢貓效應」。

踢貓效應指的是，對比自己弱勢或者等級低的對象發洩不滿情緒，從而產生的一種連鎖反應。大多數時候，人的負面情緒會順著等級高低或者強弱所組成的社會關係鏈條依次傳遞下去，從金字塔的頂端一直擴散至最底端，而那個沒有地方以供發洩的最弱小的元素，最終就會變成受害者。這個效應告訴我

們，一定要避免被別人的糟糕情緒傳染，不然激發的矛盾會越來越大。

壞情緒傳染，引發惡性循環

為了重整公司事務，某企業老總首先做了表率，表示自己以後會早到晚走。可惜事出突然，有一回他看報入了迷，導致忽略了時間，為了上班不遲到，他只好超速駕駛，結果被員警攔下來，開了罰單，最後終究還是遲到了。進到辦公室裡，這位老總感覺滿肚子的憤怒無處宣洩，所以他把銷售經理叫進辦公室，劈頭蓋臉地訓斥了一頓。挨完訓後，銷售經理氣急敗壞地從老總辦公室裡走出來，又把秘書訓斥了一番。秘書平白無故被上司挑剔，肯定也憋了一肚子的火，因此她又去接線員那裡找碴兒。接線員只得失魂落魄地回到家，最後又將自己的老公責罵了一番，老公呢，把自己不滿的情緒發洩到了一道習題不會做的孩子的身上。

可見，在社會生活中，會產生各種不滿的情緒和糟糕的心情。如果對這種糟糕的情緒處理不當，它們就會隨著社會關係鏈條依次向外傳遞，由高能量級的人傳向低能量級的人，由強者向弱者傳遞，最終最弱的那個人也就成了負面情緒的犧牲品。所以，為了避免壞情緒傳染引發的惡性循環，你必須要好好掌控自己的情緒，盡量做到「不遷怒，不貳過」，既不做被

踢者，也不做踢貓者。

合理釋放，避免壞情緒傳染

　　現代社會中，生活與工作的壓力越來越大，各行各業的競爭也越加激烈。這種緊張的氣氛極易引發情緒的起伏，稍有一點不順心，就會容易變得暴躁、易怒。假如沒有對這種消極因素給自己帶來的負面影響進行及時調整，很有可能會不由自主地成為「踢貓」的一員──被人「踢」或者去「踢」別人。

　　松下公司的所有分廠裡都設有吸菸室，吸菸室裡都擺放著像極了松下幸之助的人體模型，來這裡的工人都可以用竹竿抽打人體模型，以此來發洩心中的憤懣。打夠了，停手以後，人體模型的喇叭裡就會傳出松下幸之助的錄音，這段錄音是他給工人們寫的一首詩：「這不是幻覺，我們生在同一個國家，心心相通，手挽手，我們可以一起去尋求和平，讓日本繁榮富強。做事可以有分歧，但請記住，我們心中只有一個目標，即民族和睦、強盛。從今天起，這絕不僅僅是幻覺！」這還不夠，松下幸之助還說：「廠長自己還需更加努力工作，要使每個員工感覺到：我們的廠長工作真辛苦，我們理應幫助他！」正是透過這種方式，使得松下的員工在工作中一直保持超高的熱情。

　　上面的例子表明，員工有不滿的情緒實屬正常，關鍵問題

在於,怎樣創造條件讓員工恰如其分地將情緒發洩出來,而不是把糟糕的情緒帶到工作中。因此,無論什麼時候,我們都應該尋求合理機會去發洩情緒,以免受壞情緒的傳染。

　　良好的情緒會使人萌發積極向上的心態,然後形成輕鬆平和的氣氛,從而感染身邊的每一個人,使得大家都有個愉悅的心情。而諸如煩憂、憤怒、壓抑等消極情緒,則會造成苦惱、緊張,甚至是充滿敵意的氛圍。而且類似的糟糕情緒還會直接影響你的家人、朋友和同事的心情,並造成一系列的連鎖反應,如同扔進平整湖面的小石頭,激起的漣漪一波波地擴散開來,最終便把糟糕情緒傳染給了整個社會。

　　我仍記得某位哲人說的話:「你每發怒一分鐘,就等於失去了六十秒的幸福。」儘管日常的工作生活中有很多事我們無力改變,但我們可以努力改變自己的情緒。選擇快樂還是憤怒,都在我們的一念之間。要清楚,一份快樂,讓人分享,就會變成兩份快樂,一旦你把快樂分給別人,快樂便增值了。所以,我們應最大限度地帶給別人快樂,以杜絕踢貓效應的上演,並防止糟糕情緒的傳染。

卡瑞爾公式：
壞的學會接受，好的要去追求

威利・卡瑞爾曾經作為一名工程師在紐約水牛鋼鐵公司工作。他到密蘇里州去安裝一部瓦斯清潔機。在一番努力之後，機器勉強能夠運行了，然而，其品質遠遠沒有達到公司曾經保證的。他對此十分懊惱，並且產生了挫敗感，甚至後來無法入睡。再後來，他終於意識到，煩惱不是解決問題的辦法。於是，他構思出一個行之有效的解決問題的方法，即卡瑞爾公式。

卡瑞爾公式的大致意思是，只有迫使自己面對最糟糕的情況，在心理上接受了它之後，才能讓我們處在全神貫注地解決問題的狀態中。如果你煩惱纏身，就可以用卡瑞爾公式，然後按照下面三點去做：想一下可能發生的最糟糕的情況是什麼？然後接受這個最糟糕的情況，尋找辦法改善這種最糟糕的情況。

由此可見，卡瑞爾公式給予我們的啟示是，對於壞的要學

會接受，想方設法去做出改變，而對於好的要努力去追求。

內因才是最大的動力

查姆斯擔任銷售經理的時候，某一天，公司出現了資金問題。公司的銷售人員得知這一情況後，紛紛失去了工作的信心，人人憂心忡忡，整體業績也就此開始下跌。

在此情況下，查姆斯決定先去改變工作人員的心情。他召集所有推銷員召開大會。大家抱怨完後，查姆斯讓一位黑人男孩給他擦鞋。

小男孩絲毫不慌，技巧熟練地擦著鞋子。查姆斯的這個舉動讓所有人大吃一驚，人們竊竊私語起來。查姆斯告訴所有推銷員：「這個孩子憑藉他嫻熟的技術，能在這裡賺到很多錢，甚至每週還可以有點結餘。但是，你們都知道他之前的那個擦鞋工，公司就算每週都給他補貼薪水，他仍然沒法賺取足以維持生活的費用。兩個人的工作環境完全一樣，都在同一家公司工作，都為同樣的一群人擦鞋，但是有著截然不同的結果，大家想想這是為什麼？」

聽完查姆斯的話，推銷員們終於意識到了他的用意：工作環境不變，顧客同樣多，但是如今業績不如以前，並非是因為外部環境發生了改變，而是因為自己不像以前那樣充滿熱情了。發現問題之後，所有推銷員表示不再擔心工資問題了，他

們重新回到職位上,熱情地工作起來。很快,公司的業績有了回升。

在公司陷入困境的時候,查姆斯沒有和別人一樣只是憂心忡忡,而是接受現實,冷靜地想辦法,並且成功地解決了問題。可以說,他的做法成功地驗證了卡瑞爾公式。

熱愛是所有問題的答案

科比是NBA中非常優秀的得分後衛之一,各種得分方式他都擅長,進攻無人能擋,單場81分的個人得分紀錄就充分證明了這一點。除了得分能力外,科比的組織能力也很優秀,他總是擔任球隊進攻的首要發起人。此外,科比還是NBA整個聯盟裡優秀的防守人之一,貼身防守具有極強的壓迫性。而他成功的秘訣只有一個,那就是:熱愛。

有一次,記者問科比:「你怎麼會這麼成功呢?」科比反問記者:「你知道凌晨4點鐘的洛杉磯是什麼樣子嗎?」記者搖搖頭:「不知道,那你說一下洛杉磯每天凌晨4點是什麼樣子?」科比說:「滿天星辰,燈光寥落,行人極少。」說到這裡,科比笑了笑,「究竟什麼樣子,我也不大清楚。但這並無大礙,你說呢?每天凌晨4點,洛杉磯仍然處在黑暗中,我就已經獨自行走在洛杉磯街道上了。一天過去了,洛杉磯的黑暗絲毫沒有改變;兩天過去了,洛杉磯的黑暗依然沒有丁點兒改

變；十多年過去了，洛杉磯凌晨4點的黑暗還是沒有改變，但我已經變成了肌肉強健、體能和力量都很充足，有著很高的投籃命中率的球員。」

科比被認為是NBA裡最勤奮的球員，他比任何人都更能訓練自己。當你看到他在晚上11點離開體育館，第二天凌晨4點出現在訓練場的時候，你就會明白科比是如何「訓練」的。與超人比起來，科比更喜歡蝙蝠俠。他說：「超人對我來說是個懦夫。因為他生來就是超人，而不是透過努力工作，他生來就具有這些能力。而蝙蝠俠是一個人，就像你我一樣，透過努力工作，他得到了所擁有的。他必須訓練自己去改變。」

可見，就科比而言，為了追求能讓自己變得更好的目標，他每日勤奮訓練，所有的問題在熱愛面前，都成了最好的答案。

生活中一些人面對問題和困境，不敢直接面對現實，一味地躲在虛幻的世界裡承受著憂慮帶來的巨大壓力。而卡瑞爾公式告訴我們，與其抱殘守缺，執著於過去，不如果斷放棄，因為美夢破滅之後往往就是黎明！任何事情都是如此，只有敢於接受最壞的，才有能力追求更好的。

情緒慣性定律：
別讓情緒長期占據我們

　　情緒慣性，指的是人類的情緒受客觀影響而變化，但情緒的變化滯後於客觀的變化速度，導致情緒與客觀不符。換句話說，情緒在任何情況下都能得到一定程度的保留。那麼，情緒為什麼會有「慣性」呢？因為我們一般體驗到的情緒感受是情緒的主觀面，而情緒的客觀面是激素調節和神經活動的互動。「確認產生情緒的刺激因素是不實的」只是神經方面的確認，它會停止分泌更多的情緒激素；但是已經分泌的情緒激素在體內，要經歷很長時間的新陳代謝，而殘留的情緒激素會繼續引起身體反應。

　　所以我們常說，時間無法撫平所有傷痛──即使能，也只是間接的。之前發生的一些事情，會對我們的情緒產生很長時間的影響，除非我們能夠重新審視這些事情。重新體驗和定義的結論，能夠減少之前發生的某件事對自己情緒的影響。這就是為什麼在沒有更新和體驗時，比如考試失敗或者求愛被拒等

狀況，會在腦海中陰魂不散的原因。因此，我們要做的就是盡量不讓壞情緒長期占據我們的大腦和生活。

情緒也有自己的慣性

話說有位婦人，家有兩個兒子，大兒子是賣布鞋的，小兒子是賣雨傘的。晴天，她擔心小兒子的雨傘賣不出去；雨天，她又擔心大兒子的布鞋賣不出去。因此整天愁眉不展，沒有一天好心情。

有一天，有人勸她說，你可以換個思路想呀。晴天，你就想著大兒子的布鞋賣得好；雨天，你就想著小兒子的雨傘生意好，不就天天好心情了嗎？

確實是這樣，道理很簡單，但為什麼這位婦人卻偏偏要選擇一種不快樂的思路呢？其實，她也不想這樣的，只因為這位婦人的大腦已經習慣於「擔心」、「憂慮」的思考方式，所以一時轉不過彎了。其實，生活中不僅這位老婦人的情緒存在慣性，我們每個人都有自己的情緒慣性，比如面對半杯水的時候，悲觀的人會覺得，只有半杯水了，而樂觀的人會覺得，還有半杯水呢。由此可見，生活中改變認識態度，學會積極的認知是改善情緒的一種有效方法。實際上，導致情緒好壞的原因並非事件本身，而在於人們對這件事的看法。對於同一事件的看法不同，這件事在他內心產生的影響自然也不同，同時就會

相應地產生截然不同的情緒體驗。因此,情緒的好與壞,關鍵要看平時我們所養成的情緒慣性。

負面情緒的累積可激發矛盾

38歲的丹妮絲一直做著會計工作,她的丈夫蘭迪是一位有名的建築師。有一天,蘭迪回家的時間比以往晚了15分鐘。等他走進家門的時候,丹妮絲顯得有些冷淡。蘭迪問:「晚餐做好了嗎?我都快餓壞了。」丹妮絲把飯菜猛地甩在桌子上,沒好氣地回答:「這就是你的晚飯,煮焦了。」丈夫心想:「她幹嘛這樣對我發火,我只是晚回家了15分鐘而已。即使我真的錯了,她這樣也太過火了。」蘭迪起身破口大罵著,邁著大步出了家門。

假如蘭迪理解丹妮絲,知道她並非故意把自己的煩惱傾倒在他身上,能理解當一個女人反應過度時,就意味著肯定是有一大堆糟心的事困擾著她,蘭迪也就不會把丹妮絲的反應看作是對自己發洩情緒了。

實際上,當他的妻子反應過度時,確實有一大堆糟心的事正困擾著她。當丹妮絲計算家中開支時,突然發現其中有兩張支票沒有入帳。丹妮絲心想,肯定是經常健忘的蘭迪造成的。此時,她最煩惱的事情是那兩張支票,而非蘭迪。這還只是她的第一個煩惱,暫且可以將它評級為二十度。可是半小時後,

丹妮絲去廚房泡茶，發現自己的女兒凱薩琳竟然忘了帶午餐。現在，她有了新的壓力：她是把午餐給凱薩琳送去，還是讓女兒餓肚子呢？這件事只可算是煩惱中十度的級別。因為先前她已經產生了二十度的煩惱，現在這個新的煩惱與之加在一起，就變成三十度的煩惱了。

此過程叫作累積情緒負荷。這種情況不只會發生在做會計工作的女性身上，同時也可能發生在所有女性身上。對於壓力反應來說，這確實是一個合理的解釋，但是對於男人而言，似乎就變得不太理性和不太公平了。也正因如此，最終造成了丹妮絲夫妻間的矛盾。

其實，簡單來說，情緒是人對客觀事物產生的某種心理體驗。可是由於每個人的思維模式或者說思維慣性不同，不一樣的人對同一件事情也許會產生截然不同的感受。譬如下雨，有些人覺得那很美，朦朦朧朧、富含詩意；而有些人就覺得，下雨天全都是愁雲慘霧，自己的心情突然就會變得糟糕起來，更嚴重的情況，還會因為出行受阻而變得心煩意亂，而這些都是不同人表現出來的一種主觀情緒。值得我們注意的是，情緒能致病也能治病，好情緒是人體最有效用的靈丹妙藥，壞情緒是侵蝕身心的毒藥。所以，我們要懂得營造良好的情緒，同時避免壞情緒較長時間地侵擾我們的美好生活。

第四章

抉擇人生：
在對的方向做對的事情

洛克定律：
人要有目標感才能做得更好

美國管理學家愛德溫‧洛克認為：有專一的目標，才有專注的行動力。因此，若要成功，就必須制定出一個明確的奮鬥目標。但是奮鬥目標並非是越不切實際越好。對所有人而言，在實現目標的過程中，唯獨當所有步驟既有未來指向，又富含挑戰性時，才會是最行之有效的。這在心理學上稱為「洛克定律」。

大部分人都打過籃球，也清楚與踢足球相比，得分要更容易。你有想過其原因嗎？其實這與籃球架的高度有一定關係。要是籃球架有兩層樓那麼高，你就沒那麼容易得分了。若籃球架只有普通人那樣的高度，進球倒是很簡單，但你還願意玩嗎？正是因為籃球架的高度正好是有個人跳一跳就搆得著，才使得打籃球風靡全世界。它充分表明，像這種「跳一跳，搆得著」的目標最具有吸引力，人們最願意以高度的熱情去追求。所以，若要調動一個人的積極性，就應該設置一個類似「高

度」的目標。因此,洛克定律又被稱為「籃球架」原理。

有了目標就有了動力

生物學家巴夫洛夫生前,有人問他如何才能取得成功,巴夫洛夫的回答是:「要熱誠,並且要慢慢來。」巴夫洛夫解釋道,「慢慢來」的含義有兩層:做力所能及的事;做事時不斷提高自己。意思就是,既要讓人有體驗到成功的機會,不至於因高不可攀而失望,但又不能讓人毫不費力地輕易取得。

佛教經典《法華經・化城喻品》裡的一則故事就特別能闡明這個道理。很久以前,一位法師帶領一群人到遠處尋寶。由於路途艱難險阻,他們曉行夜宿,非常辛苦。走到半途時,大家飢渴難耐,便議論開了,打起了退堂鼓。法師見眾人都有此意,便略施法術,在險道上變出一座城市,說:「大家看,前面就是一座大城!過了城不遠,便是寶藏所在地。」眾人發現眼前果真有座大城,就又重新鼓起勁頭,繼續前行。於是,在法師的誘導下,眾人歷盡艱險,終於尋到珍寶,高興而歸。

短期目標助力長遠目標

身為管理者也需要學會法師「化城」的理論,適當時給自己的員工「變」出一個看得見且跳一跳就能搆得著的切實目

標,以此來鼓勵大家,引導大家共同走上新臺階。

記得有位朋友曾經講起他在某公司擔任經理的經歷:剛一上任時,他接手的是一個爛攤子,企業連年赤字,員工士氣全無。剛開始,這位朋友就推出了「小步快跑」政策:每個分支機構都要定一個可以完成的月度目標,然後全公司開展「月月賽」。一到月尾,他就給優勝機構親自授獎旗,並同時下達下個月的任務。這樣,所有員工的注意力都集中在完成任務上,沒人再去顧及公司的困境,也不再有人抱怨任務太重了。半年以後,全公司的業績終於轉虧為盈。現在,這家公司已經成了全市範圍內小有名氣的先進企業了。可見,身處管理崗位,只有不停地給員工定一個像「籃球架」那樣高的目標,使得所有人都能「跳一跳,搆得著」,這樣才能有良好的效果,並使得長遠目標得以實現。

由此可見,只有目標合理,才能得心應手;合體合用,才能所向無敵。我們可以給自己制定一個高遠的目標,但也要制定一個具體實施的步驟。切不可只想一步登天,而是多給自己設定幾個籃球架,一個一個地去戰勝,長此以往就可以發現,你已經站在了成功的頂峰。因此,夢想要遠大,但是設定一定要合理。使你始終保持工作熱情的最佳辦法,就是給自己制定一些「跳一跳,搆得著」的階段性的目標。

佛洛斯特法則：
準確的定位才能快速崛起

在當前激烈的求職競爭中，我們首先要做的是自我定位，而且從長遠角度來看，只有對我們個人有個清晰的認識，給自己設定一個明確的定位，才能有助於我們在人生道路上走得更穩、更遠。說到定位，就肯定繞不開佛洛斯特法則。佛洛斯特法則的主要內容是：想要建一堵牆，先確定築牆的範圍，將真正屬於自己的東西勾畫進來，並將不屬於自己的東西剔出去。由此可見，佛洛斯特法則給我們的重要啟示就是，必須給自己一個準確的定位。

其實，關於定位的概念，最早是由美國行銷專家里斯和特勞特於1969年提出的。他們的觀念是，商品與品牌要在那些潛在的消費者心裡占有一定位置，企業的經營才能算成功。隨著定位的外延和拓展，大到國家、企業，小到個人、專案等，全都有定位的問題出現，因為定位的前期準備工作決定著事情的成與敗。事實說明，只有定位準確，才能在做事時有的放

矢，才能將所有資源發揮到極致，才能實現自我價值，從而使我們快速地崛起。

準確定位可提升工作動力

所謂精準定位，就是要根據自身的優勢給自己樹立一個目標，以此來激發自信心和積極性，從而讓自己最大限度地發展。有人說：「根據自身優勢去定位，是『從成功走向成功』的重要策略，所以它能短期見效果，就像一輛汽車，它已經跑起來了，你只需稍微給它加油，它就會飛奔起來。」所以，一旦進行了準確的定位，將有助於個人提升工作的動力。

我曾經聽到過這樣一個小故事：有個乞丐在商場門口賣鉛筆，一位商人從他身邊路過，往他的杯子裡投了幾枚硬幣，然後就離去了。但是過了沒多久，商人又返回來要鉛筆，於是對乞丐說：「抱歉，我忘了拿走我的鉛筆，你知道的，你我都是商人。」幾年之後，商人參加一個非常高級的酒會，並遇見了一位優雅端莊的先生，在向他敬酒致謝時，那位先生說，其實他就是那個賣鉛筆的乞丐。他的生活之所以能夠改變，全得益於商人的那句「你我都是商人」。這則故事教會我們：當你將自己定位成一個乞丐，那你只能是一個乞丐；當你把自己定位成一個商人，那你就是一個商人。

透過事例可見，準確的定位能夠賦予自身一股強大的熱情

和力量，從而提升工作的動力，實現人生的逆襲。

準確定位可成就輝煌人生

　　漫畫家蔡志忠曾說：「大多數人在生活的跑道上都盲目地跟著別人跑。我覺得要緊的是先停下來，退到跑道邊，先反省自己，弄清楚『我是誰，我能做什麼？我怎麼去做』？然後，按照自己的方式去跑。」確實是這樣，武打巨星成龍之所以能成功，正是因為導演袁和平幫他重新正確定位的結果。

　　成龍最初總是扮演嚴肅的正面英雄形象，拍了不少的片子，卻沒有走紅。後來，導演袁和平經過分析，發現了成龍的優點和特點：成龍身手敏捷，特別是打敗對手後的神情動作，非常適合扮演喜劇性的英雄人物。

　　從那以後，成龍在片子裡一改往日的硬漢形象，而是以明朗、詼諧的面孔出場。經過這次重新定位後，成龍深受廣大觀眾的喜愛，很快就一炮而紅，成了大明星。

　　和影視巨星同樣幸運的還有汽車大王福特，透過不斷奮鬥和努力，最終有了準確的定位，並收穫了輝煌的人生。

　　福特小時候就開始幫父親幹活，在他12歲的時候，他就構思著，用可以在陸地上行走的機器來代替人力和牲口，而他的父親及其他人都希望他能夠在農場裡做助手。如果他聽從了安排，世上也就少了一位偉大的企業家，可是福特堅信，他一

定能成為一名出色的機械師。他花了一年的時間，完成了機械師訓練，而這項訓練，其他人需要3年才能完成。隨後，他又用2年的時間來研究蒸汽原理，以實現他的目標，可是終究沒有取得成功；後來他又將重心轉移到汽油機研究上，他每天都在夢想著自己能夠製造出一輛汽車。他的創意最後被大發明家愛迪生發現並予以賞識，於是邀請福特去底特律公司擔任工程師一職。經過好多年的不懈努力，在他29歲那年，他終於製造出了第一輛汽車。現在的美國，幾乎每個家庭都擁有平均一部以上的汽車，而底特律則是美國較大的工業城市之一，同時也是福特的財富之都。福特之所以能成功，主要歸功於他對自己精確的定位，以及堅持不懈的努力。

人各式各樣，定位也各不相同。不一樣的定位可以使你成就不一樣的人生。當你處於最適合自己的位置上時，才能最大限度地調動自己的積極性，發掘潛能，迅速崛起。那麼，定位到底應該根據什麼來呢？大致來說，正確的定位，應該根據一個人的特長、興趣愛好、特點、優勢、使命、能力等來確定。當然，如果一個人沒有按照自己的實際情況制定準確的定位，結果也必定不會走很遠。所以，一定要認真分析、思考，透過正確的定位，發掘最合適的角色，然後快速、準確地引爆你的人生。

瓦拉赫效應：
找到自己的最佳出發點

　　當大智若愚者的特殊才能被正確發掘後，其智慧潛力得到了充分發揮，心理學上將產生這種變化的現象稱為「瓦拉赫效應」。

　　奧托・瓦拉赫是諾貝爾化學獎得主，他之所以能成功，主要是因為他的化學老師發現他的長處，並使其得以發揮，為他的人生重新做了定位。

　　在他開始上中學時，父母讓他走上了文學之路，可是他的老師評價他是個過分拘泥的人，說他就算品德上佳，在文學上也不可能有所造詣。後來，他的父母又讓他改學油畫，但是問題在於，瓦拉赫並不擅長構圖，更不懂潤色，結果考試成績倒數第一，被學校所有人稱為「繪畫方面不可造就之才」。

　　大多數老師在面對這樣「笨拙」的學生時，都會認為這孩子沒有希望出頭了。可是他的化學老師卻發現，他為人處世小

心謹慎，適合做化學實驗，於是建議他對自己進行重新定位，不如改學化學。於是，瓦拉赫的熱情一下子被點燃了。一個被稱為文學藝術方面的不可造就之才，瞬間變成了化學方面的優秀高才生，直至後來獲得諾貝爾化學獎，被人們廣泛稱頌。

　　瓦拉赫的成功表明學生在智慧的發展上都是不平均的，在智慧發展上都會有強項和弱點的差別，他們只要找到自己的契合點，使自己的潛力得到充分的發揮，就能取得非同一般的成績。人們將這種現象稱作「瓦拉赫效應」。

　　心理學家霍華德‧加德納稱，人類的智慧是多元化的，除了語言這種最基本的智慧外，同時還有其他七種智慧，分別是節奏智慧、數理智能、空間智慧、動覺智能、自省智能、交流智能和自然觀察智能。我們每個人身上，都或多或少存在著所有這八種智慧中的某幾種，這就意味著每個人身上都具備著不同的潛力。這些潛力只有在適當的時候才會被發掘出來。

　　之前提到的瓦拉赫就具有不同凡響的多元智慧，當我們用傳統的智慧理論去判斷他時，他簡直就是個智商低下的人，可是如果用加德納的多元智慧理論去分析他時，他並非低能者，不過是他的八種智慧組合的方式與他人不同罷了。他的化學老師發現了這個差異，給他提供了有利於他在化學方面發展潛能的條件。

懂得揚長避短

兔子古利特與小貓羅西比賽爬山。兔子古利特的前腿短、後腿長，向山上爬是牠的優勢。兩隻小動物總共比賽了三次，小貓羅西全都輸了，牠開始變得灰心喪氣了，眼淚在眼眶裡打轉。

古利特突然又說：「不如我們換個項目吧，比賽爬樹怎麼樣？」羅西抹去淚水，說：「行吧！」

羅西更擅長爬樹，而且是頂尖高手，而古利特一點都不會爬樹。這回又比賽了三次，羅西三戰全勝。

古利特祝賀羅西說：「你爬得又快又穩，太厲害了！」

羅西羞怯地回答：「每個人都有自己的長處和短外。我應該向你學習才是，你看到自己的長處不自滿，看到別人的長處不洩氣。」

對自己有一個理性客觀的認知，可以激發自己潛在的特質。對自己有充足的認識，可以讓自己有信心朝著既定的方向努力前進。成功的人生前提就是學會認識自己，深層次地認清楚自己，懂得揚長避短。

認清自己是更深層次的思考，知道自己最擅長做什麼，認清自己的弊端所在。認清自己是為了趨利避害，是為了掃除前進路上的「枝枝杈杈」，是為了更深層次地完成自我認知。

從缺陷中發現長處

有一次，某個市射擊隊要到省裡面參加比賽。說是比賽，其實是為省隊輸送人才。所有參賽的射手賽完後，省隊的主教練收集了所有的靶紙，仔細地端詳著。他突然看見了一張特別有趣的靶紙，上面顯示的成績並不理想，彈孔大部分都偏離了靶心，可是教練注意到一個細節：所有的子彈幾乎都朝同一個方向——右上方偏去。這就說明，這個選手的技術動作存在很大的問題，可是非常集中的著彈點也說明這是一位極其穩定的射手。對於射擊選手而言，穩定性是至關重要的。後來這位選手竟讓人意想不到地進了省隊，之後不久又被選拔進國家隊，並為中國奪得了奧運會獎牌。

人人都存在缺陷，不過缺陷有時也會產生價值。發現自己的缺陷並不難，可是若想從缺陷中挖掘出自己的優勢，我們就必須要充分地認識自己。

每個人身上都存在著不同的潛能，這些潛能會時不時表現出來。當表現出來的時候，就要靠人們及時地捕捉它，並不斷地予以挖掘和開發，因為這些閃光點稍縱即逝。所以，正確地認知自我，積極發現自己的閃光點是至關重要的。當然，發現後還需要製造條件，使其激發更大的潛能。

布利斯定理：
越有計畫的人越不容易犯錯

美國的行為科學家艾德·布利斯提出：如果為一次工作事前計畫花費較多的時間，那麼做這項工作所需的總時間便會減少。這就是著名的「布利斯定理」。

幾位心理學家曾經做過這樣的實驗:把一些學生分成三組，對他們進行不同方式的投籃技巧訓練。第一組學生每天練習實際投籃，總共進行20天，然後把第1天和第20天的成績記錄下來。第二組學生同時也記錄下第1天和第20天的成績，但是在此期間不讓他們做任何練習。第三組學生記錄下第1天的成績，然後每天花費20分鐘來做他們想像中的投籃訓練；如果投籃沒有命中，他們就在想像中做相應的調整。最終實驗結果表明：第二組學生的成績絲毫沒有長進；而第一組學生命中率增加了24%；第三組學生的命中率增加了26%。所以，心理學家得出這樣的結論：行動前要進行頭腦熱身。

以上實驗所強調的就是「布利斯定理」。這個定理告訴我

們，我們做任何事之前都要先制訂計畫，假如未做好事前計畫，當我們執行的時候就會變得慌亂不堪，反而把時間浪費掉了。事實證明，制訂一個好的計畫是我們走向成功的第一步，假如事前擬訂好了計畫，將行動的步驟梳理順暢，那麼我們做起事來才能遊刃有餘。

磨刀不誤砍柴工

俗話說得好，「磨刀不誤砍柴工」。這句話的表面意思是，當刀很鈍的時候，就會嚴重影響工作的效率。假如我們在砍柴之前能夠多花些時間，把刀磨得鋒利一點，那麼砍柴的效率就會得到大大的提高。意思就是，假如要做好一件事，我們不一定要立刻動手，可以先進行一系列的籌畫，再進行可行性的論證和步驟安排，準備充分之後再去實施行動，就可以提高辦事的效率。

喬・吉拉德，曾經被人們稱作是偉大的「銷售之王」。可是，當他剛剛接觸銷售行業的時候，他發現自己的組織能力極差。他一個月總共打出了2000多通電話，每個星期平均要打500多通。就這樣，隨著記錄的事情日漸增多，日常工作也變得雜亂起來。所以，他迫切需要尋求一個能讓自己工作得井然有序的好方法，但並未成功。後來他意識到，若要提高工作效率，就需要花費足夠多的時間去做「磨刀」這件事。

這裡說的「磨刀」，即事先制訂計畫。他把所打過的電話號碼全部記在一張卡片上，這樣下來，每星期都有四、五十張。然後，他根據卡片上的內容組織下一次的話題，列出一張日程表，做好週一到週五的工作安排，當然也包括每天要完成的事項。做這項工作要花費四、五個小時，整個過程既枯燥又瑣碎，而且半天的時間就這樣過去了。因此，一開始的時候他總是半途而廢，可是堅持一段時間後，他便覺得這樣做有顯著的成效，而且自己從中受益匪淺，做事效率不僅提高了不少，在整個過程中還能將每項事務全部清晰地記在腦海裡，因而行動起來就更順風順水了。

可見，做事之前要先「磨刀」的重要性。很多人之所以失敗，很重要的一個原因就是沒有養成先思後行的習慣，做事毫無章法，無從下手，自然會方寸大亂，得不到預期的結果。如果將要做之事的每個細節都思慮周全，釐清思路，然後把它深深銘刻在腦海中，行動的時候自然就會事半功倍。

凡事預則立，不預則廢

「凡事預則立，不預則廢。」不管做什麼事情，我們都需要提前做好準備，只有這樣才能達到預期。假如總是想著「臨場發揮」，則極有可能發生現場「抓瞎」的狀況。

約翰‧戈達德15歲時，就列了一張清單，將自己未來要

做的事情記錄下來,這張清單被稱為「生命清單」。他在清單中給自己明確了要攻克的127個具體計畫,比如讀完莎士比亞的著作、探索尼羅河、攀登喜馬拉雅山、寫一本書等。44年間,為了實現目標,戈達德曾18次死裡逃生。在與生命的艱苦抗爭中,他以超凡的毅力和莫大的勇氣,最終實現了其中的106個計畫,然後成了知名的電影製片人、作家和演說家,並得到了許多令人豔羨的榮譽。戈達德的故事之所以讓人感動,不只因為他創造了許多非凡的奇蹟,參與了許多公益活動,更因為他堅韌不拔的奮鬥精神、熱愛生活的人生態度,以及由「生命清單」造就的高品質的人生。

人生規畫是一張時間表,它既能夠幫助我們實現終生目標,也能夠幫助我們實現平凡生活中的各種小目標。就像馬克西姆・高爾基所說的:「不清楚明天做什麼的人是不幸的。」我們拒絕成為這種不幸的人,因而對自己的工作、學習,甚至是人生,都應該擬訂一套行之有效的計畫。不僅如此,我們每天、每月、每年都要有自己的計畫,這樣下來就變成了一生的計畫。

一旦有了人生的目標,我們就可以朝著它一直堅持不懈地奮鬥下去。只有這樣,我們才會離自己的目標越來越近,最終便能取得成功。對於常人而言,列一份「清單」並不難,困難的是真正取得成就,這就需要付出很大的代價了。所以,每個想要成功的人,最急需的不單單是擬訂一份「生命清單」,更

要緊的是按照擬訂的計畫，堅持不懈地努力下去，最終取得成功。

　　一個制訂計畫的人目標是明確的，他的計畫也是切實而詳細的。事前要有明確的目標和詳細的計畫，這樣更能幫助我們條理地分析自己的設想，得知我們的設想能否實現。與此同時，做計畫的過程也是梳理我們實現設想的思路與方法的過程，這樣既可以大大地節省時間，又可以減輕自己的壓力。因此，在漫長的人生之路上，我們走的每一步都要有計畫，而且這個計畫必須從實際出發。

目標置換效應：
既要有小目標，也要有大目標

　　美國管理學家約翰・卡那提出的「目標置換效應」。其內容是，在達成目標的過程中，對於如何完成目標的關切，致使漸漸地讓方法、技巧、程序等問題占據了一個人的心思，反而忘記了對整個目標的追求。換言之，就是「工作完成了沒有」逐漸被「工作如何完成」代替了。

　　在現實生活中，人們也常常出現這樣的情況，原本是以一件事為核心目的去做的，但在實際執行的過程當中，卻發現自己在不經意間已經有了新的目標，而偏離了最初的核心目的，這就是屬於常見的「目標置換效應」。

不要在執行的過程中失去初衷

　　「目標置換」是在實現目標的過程中所產生的一種「偏差」行為和「錯位」現象，如果不及時發現並予以矯正，必將

影響目標的實現。

「一戰」之後，許多美國人精神上極度空虛，沒有勇氣去正視歷史了。那時候，指間夾著香菸，表情略顯沮喪，成了許多美國年輕人的真實寫照。尤其雪茄，更是成了這些年輕人的最愛。許多商家從中嗅到了商機，於是紛紛進入香菸市場。當然，菲利普莫里斯菸草公司更是想要從中分一杯羹，他們開始推廣自己的香菸品牌——萬寶路。

公司成立初期，萬寶路被定性為女士香菸，所以在推廣這一品牌的時候，廣告上的畫面是一個妖嬈美麗的女郎，正悠閒自在地吞雲吐霧。公司上下都以為這樣的廣告宣傳一定能廣攬顧客。但是事與願違，即使那時候美國的吸菸人數年年都在增長，但萬寶路香菸的銷量卻總是差強人意。某些高層錯以為，真正影響銷量的因素是香菸的顏色，因為女士都喜歡塗口紅，當她們抽菸的時候，口紅染在白色的香菸上，會給人一種極不雅觀的感覺。所以公司決定把萬寶路的菸嘴換成紅色，但是銷量仍然沒有任何提升。

公司所有管理階層為這件事傷透了腦筋，他們開始討論萬寶路的銷量為什麼不見提升這個問題。是品質出了問題？當然不是，從原料到加工，萬寶路都在追求精緻，品質上不可能出現問題。是廣告宣傳的力度不夠？更不是，從公司成立到現在，已經花費了巨額的費用用於廣告宣傳。

難道是因為價格問題？依然不是。在保證品質的前提下，

公司盡量壓低香菸的價格，使得它的價格能夠被絕大多數消費者接受。公司上下都在費盡心機地研究這個問題，卻始終沒法找到其真正原因。在多年漫長的摸索和探究中，公司與行銷策畫大師李奧・貝納結識了，並請他策畫了一套切實可行的方案，來提高萬寶路香菸的銷量。

李奧・貝納對香菸市場進行了深入調查和再三思考，他認為，想要提高萬寶路香菸的銷量，必須對萬寶路進行一次「變性手術」。李奧・貝納最後提到：公司需要對萬寶路香菸進行重新定位，要把原來定性的女士香菸改為男士香菸。公司聽了他的意見，不僅從香菸內在成分上做了改變，並且從外在形象上徹底改變了萬寶路給人的印象：以陽剛之氣代替優雅的女性形象。經過一番精心的改造，上市不久，萬寶路香菸就收穫了眾多粉絲。短短一年時間內，萬寶路就從一個不知名的香菸品牌，一舉成為美國香菸銷量前十的大品牌。

人的需要決定了人們行動的目標。目標是本質，無論我們做什麼事情，都需要以目標為中心。人的需要就是「行動的承諾」，它有利於事情發展的推進；與此同時，它還是「行為標準」，用以權衡行動的成就。唯有將我們的注意力集中在目標上，最終才能達成所願。

不僅要設定終極總目標，還要設定幾個階段的分目標。總目標是分目標的尺規，各個分目標要主動並時常向總目標檢查一下自我標準，這樣才能避免出現「目標置換」。人們有意識

地確立行動目標的時候，就可以在執行過程中對照行動和目標之間是否發生偏差，而當人們發現自己與目標之間的距離越來越近時，行動的積極性自然會持續提高，最終也就自然而然達成了目標。

第五章

充分準備：
讓自己的內心做好準備

依賴心理：
永遠不要把幸福寄託在別人身上

依賴心理描述的情況大致是：由於處於無法選擇的關係裡，因而被迫去做一些違心的事情，雖然個體本人也極其討厭這種被逼行事的情況。人際關係如果是健康與平等的，那麼它就具有選擇性。實際上，當一個人心理上存在依賴性的時候，自然不會進行選擇，因此就不會產生怨恨，感知疼痛。假如你意識到自己需要並且離不開別人的時候，那你就成了一個軟弱的人。古往今來，有無數的人因為缺乏獨立性，將自身的成敗與得失寄託於他物，把幸福寄託於他人的成敗上，才導致自己最終毫無成就，甚至失去自我的結局。

要相信自己的意志

春秋戰國時期，一對父子一起上戰場打仗。幾年之後，父親早已成了將軍，而他的兒子仍然是個馬前卒。

一天，號角再次吹響，父親托起一個箭囊，上面插著一支箭，他對兒子說：「這是一支家傳寶箭，佩在身上，可以助你英勇殺敵，但千萬不要把寶箭抽出來。」兒子不由得高興起來。果然，兒子佩戴寶箭出征，英勇殺敵，所向無敵。鳴金收兵時，兒子再也難以抑制勝利的喜悅和自豪，竟徹底忘記了父親的忠告，最後還是拔出了寶箭。可是寶箭拔出的一瞬間，他呆住了，那只是一支斷箭而已。

　　原來，箭囊裡一直裝著一支斷箭。「我竟然是挎著一支斷箭在打仗！」得知真相後，兒子嚇出一身冷汗來，自己賴以生存的信仰瞬間不在了，意志也隨之坍塌。最終，兒子慘死在亂箭之下。兒子死後，父親揀起斷箭，沉重地說：「不相信自己的意志，永遠也做不成將軍！」

　　在這則故事裡，兒子過多地把勝敗寄託在一支寶箭上，愚蠢至極。當你把命運寄託在別人身上時，也就相當於失去了自我。如此又如何能做大事呢？你要清楚，你自己就是那支「寶箭」，如果想變得鋒利、百發百中，你就必須先經受一番磨練，唯有這樣，緊要關頭才能自保。

要學會獨立自主

　　小艾和文文是大學同學，關係十分要好。畢業季之前，為了能早早定下畢業後的去處，小艾和大家一樣，都在透過各種

管道找工作實習，不停地碰壁，又不停地繼續。而文文則不慌不忙，依然每天打扮得美美的去約會。

有一次，小艾問文文：「你怎麼不著急找工作呢？」小艾回答：「找工作不重要，找老公才重要。我最大的幸福就是能嫁一個好老公。」

如文文所願，畢業之後她就隨便找了一家公司上班，同時十分認真地談戀愛。半年之後，她果斷辭職結婚，成了一名全職主婦。婚後，文文也算過得順風順水，每天就是購物逛街。畢業之後的一年，大家都被出入社會折磨得焦頭爛額，聊天的主題也都是工作的一些感受。沒有工作的文文也就慢慢地淡出了大家的視線，只是偶爾在朋友圈曬曬她又買了個包包，又去哪裡旅行了。

而小艾畢業後在職場認真工作，業餘時間也為自己充電，職位一步步提升，現在已經管理著一個不小的團隊，也擁有了自己的家庭。小艾不論是在職場還是在家庭中，都一直過得很精緻，做自己想做的事情，健身、插花、畫畫，所有想學的都會去學一遍。

三年之後的一天，小艾和文文在商場裡偶然遇見，見到老同學互相都很興奮。「過得還好嗎？」她們不約而同地開口問道。之後小艾瞭解到文文半年前發現老公出軌，離了婚。文文笑著說：「我以前一直都以為找一個好老公就能一輩子幸福了，婚後也一直以他為中心，很怕這幸福會突然消失。很久之

後才發現是我錯了,我不該把幸福寄託在他人的身上。」離婚後的文文學會了獨立自主地生活,又重新開始找工作,利用閒暇時間來學習、考證照,現在已經在一家不錯的公司工作。

其實,幸福從來都不是從別人那裡獲取的,不必依附於任何人,只有學會獨立自主,用自己的雙手爭取的幸福才能長遠。美國心理學家M・斯科特・派克認為,如果一個人把自己的幸福寄託在別人身上,那他無疑是一個賴皮。這種關係,毫無自由,只有依附。而且,只要這種「寄生」關係一結束,這個人就沒法獨自站立了。

依賴於別人所得到的幸福,永遠不會真正屬於自己。沒有人能代替你幸福,也沒有人能為你的幸福買單,只有堅定自己的意志、學會獨立自主,自給自足的幸福才是恆久的。

詹森效應：
解除自己的恐懼

　　詹森效應指的是平時表現良好，但由於壓力過大、精神過度緊張，缺乏應有的心理素質，導致在正式比賽場合或關鍵時刻表現失常的現象。這個概念是由一個叫詹森的運動員提出的，平時訓練時，他的成績非常優秀，基礎扎實，但是一站到賽場上，他卻總會因為壓力過大而發揮失常，讓自己和他人失望。

　　詹森效應其實是人的一種淺層的心理疾病，是人在無意識中將現有的困境無限放大，從而產生心理異常的現象。這一現象與考試動機的強弱密切相關。其實競技體育不單單是考驗選手的身體素質，還考驗選手的心理素質。一些運動員之所以沒法在賽場上發揮出真實的水準，其實和他們對比賽結果過於看重有關。

克服恐懼，保持平常心

后羿是夏朝時期一位著名的神射手。他擁有一身百步穿楊的好本領。夏王十分欣賞他。一天，夏王打算把后羿召入宮，讓他表演精湛的射術。夏王差人將后羿帶到御花園，吩咐屬下拿來一塊一尺見方、靶心直徑大約一寸的獸皮箭靶。夏王指著箭靶說：「射中了，我就賞賜你黃金萬鎰；射不中，就削減你一千戶的封地。」

后羿聽到後，臉色大變。他走到離箭靶一百步的地方，抽出一支箭，把箭搭上弓弦，然後擺好姿勢，拉弓開始瞄準。但是瞄了幾次，他都沒有把箭射出去。後來，后羿心一橫鬆開了弦，箭釘在離靶心有幾寸遠的地方。后羿的臉色立刻變得慘白，再次彎弓搭箭，精神更加不集中，因此射出的箭偏得比剛才還離譜。最終，后羿收拾好弓箭，悻悻地走出了王宮。

夏王疑惑地問道：「后羿平時都是百發百中，為什麼今天卻有失水準？」其中一位在旁邊站著的大臣解釋道：「平時射箭，那只是練習，心態平穩，自然就能發揮正常水準。可是，今天射箭，卻直接關係到他的切身利益，所以他做不到平心靜氣，因此就射不好了。」

如果一個人的進取心太強，對某個事物刻意追逐，目標就會像蝴蝶一樣振翅飛遠。而保持平常心，可以讓人心緒寧靜、處變不驚，在關鍵時刻往往更容易達成目標。如果在生活中

無法讓你保持一個「平常心」的狀態，那你就積極參與所有競爭，去適應你所遇到的「壓力」和「障礙」，在此過程中鍛鍊自己，提高自己的心理承受能力。

注重過程，淡化結果

某位學生家長向某報發來「求救」郵件：

「我的孩子馬上要參加高考了。想起三年前他中考時的情景，我就開始擔心起來。那時候，他在班級甚至全校，都是名列前茅，但他的心理素質很差。

這個缺點給他帶來了嚴重的後果：中考時發揮失常，只考上了普通中學。那時，孩子沒法面對現實，甚至很長時間都萎靡不振。

「現在，即使我的孩子在學校裡表現很好，每年的『三好學生』都非他莫屬。但假如心理素質差的毛病不改正，高考成績恐怕還是不理想。真希望你們能幫我想想辦法！」

其實，現實生活中存在很多類似的學生，平時刻苦學習，準備充分，然而一到大型考試就緊張，然後就發揮不出實際水準來。其主要原因是，這些學生對考試的期望值太高了，但是對自己缺乏信心，害怕失敗，結果使得這種期望所帶來的壓力給自己增加了負面的影響，最終考試成績不盡如人意。

平時一些至關重要的「賽場」，其實就是一次高水準、高

品質的比拚，不僅考驗基本功底，還考驗心理素質。有句話叫「狹路相逢勇者勝」，當我們面對類似競技賽場或者考試的時候，一定要學會保持一顆平常心，不要陷入患得患失的錯覺中，不要貪求成功，只要能發揮出自己的正常水準，終將取得一個令自己滿意的成績。

杜根定律：
信心是決定成敗的關鍵

心理學上的「杜根定律」是美國橄欖球聯合會前主席杜根提出的，他曾經提出：「強者未必是勝利者，而勝利遲早都屬於有信心的人。」換言之，只要你足夠自信，你只接受最好的，那你最終獲得的往往也會是最好的。一個人勝任一件事，85%取決於態度，15%取決於智力，所以一個人的成敗取決於他是否自信，假如這個人是自卑的，那自卑就會扼殺他的聰明才智，消磨他的意志。

杜根定律源於下面這個故事：某人時常出遠門，雖然拿到車票，但總沒辦法對號入座。可是不管路途長短，不管車上是否擁擠，他卻總能找到座位。其實他的辦法特別簡單，就是一節節車廂找下去。可能此人採用的辦法聽上去並不怎麼高明，但總能奏效。他每次都準備從第一節車廂找到最後一節車廂，但是每次都是走到中途就能找到空座位。

他說，他之所以能找到空座位，是因為其他乘客都不能像

他一樣鍥而不捨地找下去，大部分人都擠在前幾節車廂通道或接頭處，許多乘客都被前幾節車廂擁擠的表象迷惑了，有時甚至出現水洩不通的情況。那些不願意積極主動地尋找座位的人，大部分都只能在剛一開始落腳的地方一直站到自己下車。

擁有自信，等於成功了一半

任何人要想獲取成功，自信都是一個不可缺少的條件。

雷根曾經只是一名演員，但他立志要當一位總統。從22歲到54歲，雷根從一個電臺播音員，再到電影明星，三十幾年的歲月裡，一直投身在文藝事業裡，因此對從政一無所知。這個現實幾乎成了雷根涉足政壇的一大障礙。可是當共和黨內保守派與一些富豪慫恿雷根競選加州州長時，他毅然做出決定，從此放棄了大半生賴以生存的文藝事業，跨足人生新領域。

雷根入主白宮之前，他曾和自己的競爭對手卡特舉行了一次近一小時的電視辯論。在攝影機面前，雷根滿懷自信，發揮出色，憑著他做演員的經驗，全程都占了上風，竟讓有過從政經歷的卡特敗下陣來。

透過雷根的經歷，我們明白了：信心決定成敗，自信才是取得成功的必不可少的前提條件。

勤於實踐，是成功的另一半

聯邦快遞公司是一家世界性的跨國公司，幾乎是家喻戶曉。其創始人弗雷德・史密斯，在耶魯大學就讀時，就已經產生了航空貨運的理念。之後，史密斯把這個想法寫進了經濟學課程的期末論文裡。

可是，當他信心滿滿地等待教授的稱讚時，教授卻只給他的論文評了「C」，教授還對他說：「你提出的理念很新穎，可是，假如你想讓自己的成績高於C的話，那你就別寫這種沒法實現的事情了。」

這個結果確實讓人大失所望。但是史密斯對自己的理念一刻也不曾產生過質疑。他決定用實際行動來證明這個理念。最終，史密斯成功地募集到了高額的貸款與證券投資，以此來支撐自己的創業之路。

但是史密斯缺乏經驗，初期規畫也有問題，因此在前幾年的經營中，他遭受到了巨大的損失。然而，史密斯並沒有氣餒，他不斷進行實踐，終於在1975年年末實現了近2萬美元的盈利。現如今，聯邦快遞公司變成了一個估值超70億美元的大型跨國企業。

「實踐是檢驗真理的唯一標準。」正是因為史密斯始終保持著堅持不懈的態度，堅決實踐自己的觀念，才能讓別人不看好的想法最終得以實現。如果空有想法和信心，卻不能進行實

踐,那所有的理念都只是「紙上談兵」,只有勤於實踐,才有可能讓理念成真。

一個人想要獲得成功,就必須相信自己能夠成功,並且願意為成功付出實際行動。自信是成功的源泉,它能讓你對自己從事的事業信心十足,會讓你的理想和希望變成奮進的動力與熱情;而勤於實踐能讓自己的理念最終成為現實,在實踐的過程中,不僅能夠檢驗理念的正確與否,還能不斷地加以完善,從中得到更多的啟發。

杜利奧定理：
點燃你的工作熱情

美國自然科學家、作家杜利奧說：失去熱忱是最讓人覺得垂垂老矣的事了。如果精神狀態不佳，那麼所有一切都將處在不佳的狀態。這個觀點後來被人稱為「杜利奧定理」。

杜利奧定理主要表達的是關於「心態」的問題。幾乎所有成功人士的統一標誌，就是具有積極、熱情的心態。假如一個人能夠做到積極樂觀地面對人生，積極樂觀地接受新的挑戰、應對麻煩事，那麼這個人就已經在成功的路上了。

保持積極樂觀的心態

一個人的心態不同，對他自己的內心世界所產生的影響也截然不同，而且還會在事業和人生上左右他的成敗。

麥特・畢昂迪是美國著名的游泳運動員，於1988年參加奧運會，被認為是最有希望第二位奪得游泳項目七項金牌的選

手。但他在第一項200公尺自由式游泳的比賽中竟然只取得了第三名,而第二項100公尺蝶泳的比賽中,他原本處於領先,但是到最後一公尺時,卻被第二名反超了。

大部分人都在擔心:接連兩次失金,恐怕會對畢昂迪在下面幾場比賽中的表現產生影響。然而,讓人意想不到的是,畢昂迪在後面的五項游泳比賽中竟然連續奪冠。對於此種情況,賓州大學的心理學教授馬汀・塞利格曼認為這事在情理之中。塞利格曼在同年的早些時候,曾對畢昂迪的樂觀影響做過一項實驗,實驗方式是,在完成一次游泳表演之後,畢昂迪的表現十分出色,但是教練卻告訴他,他的成績很糟糕,讓他休息一會兒再游一次,結果他的成績更出色了。而其他參與這一實驗的運動員的成績卻變差了。

事實上,畢昂迪並沒有比別人多出眾的天賦,他之所以能在游泳比賽中連續奪冠,其實是因為他擁有一顆無比堅定的心,而且他的心態非常樂觀。即使在之前的比賽中錯失了冠軍,也沒有影響他在後面比賽中的發揮。這絕對是畢昂迪的過人之處。

透過這個實驗,我們可以得出下面的結論:在面臨挫折時,保持樂觀的人仍然堅信形勢會有所好轉。而對於陷入困境中的人而言,樂觀能使他們重拾信心、不再沮喪。樂觀和自信能夠起到相同的作用,使我們的人生在前行的路上更順暢。樂觀的人不認為失敗是不可逆的,反而更容易扭轉局面。

對生活或工作充滿熱情

作家拉爾夫・愛默生曾經說過：「人假如缺乏熱情，就不可能有所建樹。」熱情就像強力膠一樣，能讓你在困境中保持高度集中，並且堅持到底。當其他人對你說「不行」時，你的內心深處就會發出一個堅定的聲音，告訴你自己「我行的」。麥當勞的創始人雷・克洛克的故事，就強有力地證明了這一點。

克洛克剛出生的時候，到西部淘金的運動便結束了，他因此與這個本可以賺大錢的時代失之交臂。當他高中畢業的時候，美國又迎來了1931年的經濟大蕭條。他只好接受窮困潦倒的現實，選擇輟學，搞起了房地產。可是房地產生意剛見回暖的時候，又爆發了第二次世界大戰。人們疲於奔命，怎麼還會有心思考慮買房的事情呢。於是，房價一路直跌，克洛克又是空歡喜一場。自此以後，他又從事了很多職業，但一切似乎都沒有想像中那麼順利。

即便如此，克洛克仍是熱情不減。1955年，在外闖蕩了大半生的他兩手空空地回了老家。賣掉家裡留下的一份小產業後，克洛克又開始做起生意來。此時，克洛克發現迪克・麥當勞和邁克・麥當勞共同開辦的汽車餐廳生意火爆。經過一番實地考察後，他確定這個行業大有前途，於是產生了濃厚的興趣。當時，他已經是五十出頭的年紀了，對於多數人而言，這

是即將退休的歲數了，但他卻決定從零開始，先從到這家餐廳打工學做漢堡開始。那之後，他不假思索地借了270萬美元，並將麥當勞兄弟的餐廳買了下來。經過幾十年的細心經營，麥當勞現已成了以漢堡為主食的全球最大的速食公司，並在國內外開設了7萬多家連鎖分店，麥當勞的年銷售額高達200億美元。因此，克洛克也被稱為「漢堡王」。

生活磨難重重，關鍵要看我們以怎樣的心態去對待它。正是因為克洛克有一個熱情且樂觀的心態，才能讓他的命運變得如此的絢爛多彩。

杜利奧定理所講的其實是一種態度，一種對工作生活都要充滿熱情的態度。熱情且樂觀的心態會讓你自信滿滿，更容易獲得財富、成功和幸福，更容易登上人生之巔。然而，消極的心態則會讓你生活在陰鬱的時空裡，使你對未來總是不抱希望。請記住，往往是那些積極樂觀的人，無論對工作還是對生活都充滿熱情的人，更容易踏上成功之路。

淬火效應：
驕傲的時候適當潑點冷水

　　淬火效應本來指的是，對金屬工件進行加熱，到一定溫度後，將其浸入冷卻劑（油、水等）中，再經過一番冷卻處理，金屬工件的性能變得更好、更穩定。心理學把這種效應定義為「淬火效應」。當然，在日常的工作生活中，往往也會出現與此相似的現象，而這種現象就被人們稱為「冷處理」。

　　「冷處理」，即當矛盾發生後不急於馬上處理，而是暫且先放一放，待降降溫再行處理。在日常的工作生活當中，人們常常會用「冷處理」的方法來處理棘手的事情，尤其是在化解雙方衝突之時。事實表明，大多數時候這種辦法是很有成效的。

驕傲得意之時,適當潑冷水

在教育學中,淬火效應的含義可以理解為,當出現長期受表揚因而頭腦有些發熱的學生,我們不如設置一些小的障礙,並施以「挫折教育」,經過多次鍛鍊之後,這類學生的心理就會變得更加成熟,其心理承受能力也會變得更強。

在對班集體的管理過程中,存在一些情況特殊的學生,或是在特殊時期,或是特殊事件上,我們不妨試著換一種思路,運用「冷處理」的方法,也許就會呈現出絕佳的效果。

小謝是張老師的班上成績優異的學生。但他除了學習上進心較強、成績不錯之外,其他表現都不理想,特別是「三自」問題尤為嚴重:自理能力差、自我中心傾向嚴重、自私自利。

張老師瞭解到,小謝是因為從小被家長過分溺愛,才導致性格十分倔強,而且特別任性。

有一次,學生告狀說小謝每天帶飲料來學校,在學生中搞特殊化——當時為了控制學生零食,規定不允許帶飲料進教室,一律喝學校免費提供的純淨水。張老師找到小謝,問他違反班規自帶飲料的原因時,他歪著腦袋大聲回答:「我就是不愛喝純淨水,我在家從來就是渴了喝飲料!我父母從來不逼我喝純淨水的,那我為什麼要喝學校的純淨水!」說得怒氣衝衝、理直氣壯。於是,當班裡大掃除的時候,張老師對他說:「大掃除是班級集體勞動,你可以選擇幹,也可以選擇自由活

動,因為你是不需要遵守集體規矩的!」說最後一句的時候,特意加大了嗓門,讓大家都聽見。然後,教室裡熱火朝天地幹起來了,學生們有說有笑,幹得很起勁,誰也沒有理睬他。張老師一邊巡視並指導打掃情況,一邊特意大聲地表揚:某某掃得又快又好;某某勞動得法,是個「勞動小能手」;某某樂於助人,幹完了自己的還幫別人幹;某某一人擔了兩個職位,還都是最累的活兒,是愛集體、愛勞動的表現⋯⋯

小謝看到大家都自顧自勞動著,沒人願意理他,便乖乖地從書桌裡拿出抹布擦起教室門來了。張老師對他說:「大掃除是集體活動,你既然參與了,那是不是就承認自己是屬於集體中的一員呢?」他點點頭。張老師說:「你既然承認自己是集體的一員,那集體的規矩要不要遵守?」小謝又點點頭,表示不會再喝飲料了,說話的時候臉上已經沒有之前的傲氣和怒氣了。於是張老師跟他講解了喝飲料的各種弊端以及喝白開水的種種好處,順勢進行了集體主義紀律教育,還引導他如何正確管理自己的情緒。

經過張老師「冷處理」方法教育之後,小謝心悅誠服地接受了班級各方面紀律規定,並且態度良好,不再任性妄為了。

在生活中,當人們的處境或境遇太過順利的時候,往往容易感到驕傲和得意,這個時候就需要別人給他「潑點冷水」,令其處事更趨成熟。

矛盾焦灼之時，不妨降降溫

一對從高中便相識的情侶到民政局登記結婚，兩人穿著情侶衫，恩愛極了，引起不少人的羨慕。然而第二天，這對剛剛合法的夫妻便吵吵嚷嚷地再次來到民政局，表示自己一定要離婚，兩人惡語相向、怒氣衝衝。昨天剛為他們辦手續的工作人員看了看兩人，無可奈何地說：「印表機壞了，離婚手續今天辦理不了，你們明天再過來吧。」結果，小倆口從此再沒來過。其實印表機壞了這件事，只是婚姻登記員的一個緩兵之計，或者說是一種善意的謊言，其目的是讓他們給彼此一點時間，冷靜面對問題。

生活中衝動離婚的例子並不少見，很多夫妻僅僅因為一次吵架，就到民政局辦了離婚，第二天冷靜下來又捶胸頓足、後悔不迭。然而，有時候嫌隙一旦產生便一輩子無法抹去，不是每塊破鏡都能重圓，不是每對夫妻衝動離婚後都能重婚。民政局的工作人員之所以說了「善意的謊」，其實就是為了給他們一個緩衝期，讓他們彼此冷靜下來，認真考慮之後再決定，不要衝動之下任性為之。其實很多夫妻經過一夜的冷靜之後，雙方都能想通，他們的內心並不捨得離婚。這時候用「冷處理」的方法來面對，往往是最合適的。「人在憤怒的那一瞬間智商為零，一分鐘之後又能正常運行」，所以，遇事不要頭腦發熱，給自己和他人一個「冷處理」的時間。

「冷處理」是一種謀略，更是一種智慧，它可以有效地緩和矛盾，避免人們做出一些出格的舉動。當發生突發狀況或者鬧矛盾時，不妨把它放在一旁晾一晾，待冷靜下來後再去處理問題，給對方思考的時間，也給自己一個迴旋的空間。

第六章

快人一步：
行動起來獲得先機

快魚法則：
在最後時刻誰快誰勝出

美國著名的思科公司總裁約翰・錢伯斯曾用「快魚吃慢魚」來形容新經濟的整體規律，即「快魚法則」。

由於市場經濟存在的競爭整體都呈現出了一種愈演愈烈的趨勢，因而速度成為決定性因素之一，決定著市場的成與敗。

「快」強調的是速度

有這樣一則故事：兩個人因天色已晚便在樹林裡過夜，到了第二天清晨正要打算離開的時候，突然有一頭大黑熊衝了出來，受到驚嚇的二人在準備逃跑之際，其中一個人在慌忙中穿上了鞋子。這時另一人則表示說，就算你穿上鞋子，也不會比熊跑得快，這時穿鞋的那人便說，跑不過熊倒是無所謂，只要跑得比你快就可以了。可想而知，那個跑得慢的人，最終會被那頭熊當作「美食」一樣吞掉。

其實不僅僅是故事中,就連在現實生活中,也會存在這樣極為殘酷、激烈的競爭。在一望無際的非洲大草原上,每當太陽升起,總會看到那些不停奔跑著的動物的身影,不論是羚羊還是獅子,因為牠們知道,要想存活下來、不被餓死,那就必須時刻保持加速奔跑的狀態,否則只能無情地面臨優勝劣汰,不是被吃掉就是被餓死的局面。

特別是在進行市場戰略的過程中,時間比其他的因素更具有一定的緊迫性和實效性,想要贏得最終的勝利,那麼就應該及時把握第一時間做到搶占先機,因為速度的快慢會成為競爭取勝的一個關鍵所在。加拿大將楓葉旗正式定為自己國家國旗的第三天,善於把握機會的日本廠商就牢牢抓住這一難得的機會,在第一時間讓廠商趕製出來眾多楓葉小國旗及帶有楓葉標誌的玩具,使其大量地出現在加拿大的市場中,並且剛銷售就獲得了非常可觀的銷售量。由此可見,速度已經毫無疑問地成為市場競爭過程中不可或缺的一個關鍵所在。想要在市場中脫穎而出、獨樹一幟,那就必須講求一定的速度訣竅,對於市場中出現的變化能夠及時做出具體的應對策略,最終將在激烈的市場中占有一席牢固之地。

「快」的同時,還應「準」

所謂的「快魚吃慢魚」,具體指的是在追求速度「快」的

同時，更應該追求品質「準」，這樣最終才能使結果變得快速而有一定的效率。

一般來說，企業間所發生的兼併收購往往被比喻為一種「吃魚」的現象。據相關資料統計，海爾集團迄今為止已有近20起的兼併案件，在這些企業還沒有被收購前，它們的虧損率總額已經超過了5億元人民幣，但是，在進行合理的重新組建之後，資本總額竟然整體上超過了15億元人民幣。

海爾的老總張瑞敏針對此做了明確的歸納總結，對那些市場經濟較為發達的國家而言，在進行企業兼併時一共需要經過三個階段：第一個階段是大魚吃小魚，也就是所謂的弱肉強食；而第二個階段則是「快魚吃慢魚」，通常是指技術先進的企業會把那些技術落後的企業吃掉；第三個階段是鯊魚吃鯊魚，就是企業強強競爭。市場上的「快魚法則」，極力強調又「快」又「準」，要求必須能夠準確把握短暫的商機。正如Modell體育用品公司的執行長默德所說：「想要在以變制勝的競賽中脫穎而出，速度是關鍵。」

除了市場競爭會運用到快魚法則，企業進行內部管理過程中，也能透過運用快魚法則，使得員工工作效率整體有所提高，在整體上使企業實現飛速的發展，從而獲得更大的成功。

首因效應：
第一次給人留下的印象很關鍵

一位心理學家曾給兩組受試者看了同一張相片，並告訴甲組和乙組，相片中的人分別是罪犯和教授，讓他們接著分析這個相片中的人物特徵。結果得到了兩種截然不同的結論：甲組認為相片中人物的眼睛隱藏著險惡，尤其是那凸起的額頭更是表明了他那死不改悔的決心；而乙組則認為相片中人物的目光凸顯了他有著深邃的思維，那凸起的額頭更在很大程度上說明了人物具有一種勇於探索的堅強意志。

透過這個實驗，能夠進一步表明第一印象如果是一種肯定的狀態，那麼接下來在瞭解中會更多地偏向美好意義的品質去展開挖掘；但是，如果第一印象是一種否定的狀態，那麼接下來在瞭解中會有更多偏向令人厭惡的部分被揭露出來。

顯而易見，人與人第一次見面所形成的印象具有一定的重要性，這會進一步決定著以後雙方交往的進程。

第一印象的重要性

在珍‧奧斯汀所著的《傲慢與偏見》這本書裡，女主角伊莉莎白在舞會上初次見到達西時，就因為他表面上的冰冷，與無意間對她流露的不在乎而形成了第一印象——傲慢、自大、無禮。這種極其惡劣的第一印象直接決定了她前期乃至中期對達西的一系列負面評價，甚至於不假思索便相信了韋克翰對達西的誹謗，而無法發現這其中某些顯而易見的矛盾。伊莉莎白對達西的否定持續了很長一段時間。直到達西向她求婚失敗後給她寫了一封極長的自白信，靠著有說服力的事實澄清了所有的誤會，才有機會使她逐漸放下偏見。從那時開始，他們的愛情才逐漸成形。

在這個愛情喜劇中，正是因為達西給伊莉莎白的第一印象很不好，才阻礙了二人最初的情感發展。如果伊莉莎白沒有被最初輕易做出的第一印象所干擾，那他們二人雖說必然會經歷一段考驗，但總能更快地認識對方，至少不會出現誤會越結越深的情況。

簡單來說，就是人很容易被最先接收到的資訊所左右。如果第一次見面的時候就給別人留下了一種良好的印象，那麼在以後的接觸過程中也會較為輕鬆；如果第一次見面的時候就給對方造成一種令人反感的印象，那麼會使別人產生一種冷漠感甚至是抵抗感。比如，當你的朋友向你介紹一個人時給的評價

大多是正面、積極的，那麼你對這個完全陌生的對象幾乎很難產生反感，除非在接觸後獲得的負面資訊太過離譜。反之，如果最初評價大多是負面、消極的，那你幾乎很難對這個人形成好感抑或繼續交往的熱情。

給人留下良好的第一印象

馬鳴是一名應屆研究生，在畢業之際到處面試，希望能為自己找到一份好工作。

在最後一輪應聘中，主考官由這家公司的老總來擔任，而馬鳴則在考試快要臨近尾聲的時候才匆匆忙忙趕到。老總上下打量了一番衣著不整的馬鳴，帶著一臉疑惑問他是不是研究生，在得到肯定的回答之後，又繼續問了他一些關於專業方面的知識，馬鳴一一給出了答覆，最終被錄用。

來公司上班的第一天，老總告訴馬鳴說，若不是他在回答專業性的問題時表現得非常出色，公司根本不會錄用他，因為他的穿著打扮給人的第一印象完全像是一個社會小青年，與研究生毫不沾邊。

聽完老總的一番話，馬鳴才把那天的情況仔細向老總說了起來。原來他在應聘的路上，遇到有人出車禍，於是協助他人把受傷的人員送去了醫院。後來，他發現自己的衣服沾了血跡，在回家換衣服的時候，又發現自己衣服沒乾，只好順勢穿

了表弟的衣服，於是造成了當時的情形。老總恍然大悟，在誇讚了他的行為之後一再囑咐他，一定要注意自己留給別人的第一印象。之後的工作中，馬鳴表現得很出色，深得老總的器重。

從求職的故事中，我們能夠發現第一印象占有的重要性。心理學家認為，第一印象主要透過外部特徵對一個人的內在素養和個性特徵進行判斷。所以，在一些社交活動中，應該把自己的形象極好地展現給別人，從而為以後的交流打下基礎。

由此可見，首因效應對於人們的交往能起到一種微妙的作用，想要在人際交往過程中獲得別人的好感，就應該把良好的第一印象留給別人。

服從效應：
出其不意的行動更容易達到目的

　　服從效應也稱出其不意效應，具體是指在一個人沒有任何心理準備的前提下，不管讓他做什麼，他都會服從去做。通常來說，在一個人沒有任何心理準備的前提下，突然採取迅速的行動，是很容易達到目的的。

　　針對這一效應，有人曾做過一個「讓座」的實驗：

　　第一種讓座情況：一位站著的乘客突然很有禮貌地對一位坐著的乘客說，把座位讓給自己，而面對這種突發的請求，坐著的乘客會不加思考便同意讓座；第二種讓座情況：一位乘客緩慢地對一位坐著的乘客說，旁邊那位先生想請你給他讓個座，而這時那位坐著的乘客會打量一番旁邊的先生，在看到他年紀不大時，便不會做出任何反應。

　　由這兩種情形能夠得知，第一種情況會比第二種情況的成功率高。要是從心理學的角度來解釋的話，讓受試者突然毫無心理準備地去做一件事時，出於生活習慣和常識，為了保證自

身安全，往往會不加思考地服從。

攻其不備，出其不意

《孫子・計篇》中有關於「攻其不備，出其不意」的詳細記載。而這一記載也正好與「服從效應」這一心理學說相互對應。

三國時期，東吳名將呂蒙也是透過採用這一計謀而奪取了荊州。面對來頭不小的對手關羽，呂蒙施計讓陸遜替他代守陸口，並讓陸遜寫信備厚禮送給關羽，關羽一看這種情形，便放下了戒備心，把軍隊的主力調到了樊城。呂蒙看到難得的時機，便讓會水的士兵扮成商人，將精兵藏於船中，讓關羽派去駐守江邊烽火臺的士兵誤以為是商人，讓他們可以停靠岸邊，於是趁機偷襲了沿江的各處守軍，在此期間還用重金收買了荊州的士兵為他們喊開城門。這樣一來，使得守荊州的士兵誤以為是荊州之兵，他們就打開了城門，於是呂蒙趁此機會偷襲了荊州。

這一戰，不僅讓三國名將關雲長敗走麥城，也進一步使得蜀國的實力大損，最終形成了一種三國之魏強的局面。

可見，所謂的「攻其不備，出其不意」，這種服從效應對於先機的掌握和運用是十分重視的：在敵我雙方沒有形成明確的對峙，敵人還沒有做好全然的準備時，就應該迅速出擊，這

樣才能使自己的損失降到最小，贏得最大的勝算。

以奇制勝，打破常規

服從效應在商業領域、日常生活中也同樣適用。

天津第四鋁製品廠正是因為「出其不意」製造了一種能夠帶有哨聲的鋁壺，使得該產品變得供不應求。由於鋁壺是一種非常普通的居家商品，所以很早之前就有人在想如何透過這個產品製造商機，而天津第四鋁製品廠卻別出心裁地想出了一個妙招，即在普通鋁壺上加上一個哨子，只要水一開，蒸汽就能吹響哨子，從而提醒人們記得提水，這種革新雖小，但是帶來的迴響卻很大，最終使得這種「響壺」供不應求。

在做生意時，想要贏得市場，便要不斷創新，「出其不意」地推出新的產品投入市場，才會獲得意想不到的效益。這種出其不意的行動事實上結合了謀略、膽識和速度這些因素，才能順利將競爭對手殺個措手不及，最終達成目的。

服從效應講究的是一個主動權的把握，主動就靈活，被動則挨打，這個思想從古至今都對人們有重要的指導意義，攻其不備，出其不意，以奇制勝，打破常規，用對手意想不到的方式和手段來應對，這樣才能在對方的預料之外取得勝利。

大拇指定律：
永遠都要想著當第一

當你誇讚或是佩服某個人的行為時，總是會把自己的大拇指蹺起來，那麼，在這五個手指中，你到底是四指中的一員，還是別具一格的大拇哥？

具體說來，大拇指定律最初是在經濟領域之中產生的，主要是用來詳細闡述具體的風險投資收益的一種普遍現象。因為在不斷地進行風險投資的過程中，總會有一些失敗的企業陸陸續續被逐出市場，也會有一些落後的企業遭到市場的無情淘汰，一直到最後，能夠站穩腳跟、成為業界之中「領頭羊」的，才是那個最具實力的企業。

其實，不僅是企業存在這種局面，生活中也是如此。由於人的一生中會有很多的不確定性因素出現，也會面臨各種各樣的選擇。在進行抉擇過程中，選擇得當，那就為今後前進的方向奠定了一個較為扎實的基礎；選擇出現失誤，可能會出現前功盡棄、功虧一簣的局面。其實每個人的起點都是一樣的，只

不過在多年之後，有的人仍舊保持默默無聞，而有的人卻能夠做一番功成名就的事業，總結起來，主要是大拇指定律起到了一定的作用。

永遠處在「厚積薄發」的狀態

2003年，戴爾公司的年銷售收入超過354億美元，隨後，戴爾就立即宣佈：公司設立的新目標是2006年銷售收入一定要達到600億美元，增長率必須達到市場增長率的3倍。不僅如此，公司還做了嚴格規定，就是所有員工在完成指標後所舉行的慶賀不許超過5秒，一旦完成了一個目標，那麼就需要在之後的5個小時內制訂出新的計畫。

可見，戴爾之所以能夠取得如此優異的成績，主要是因為他們的目光高遠，不僅僅停留在當下的局勢之中，而是隨時都處於一種厚積薄發的拚命狀態。戴爾要求員工把每一次的任務都當成比賽來對待，只拿第一，不拿第二，這種堅持不懈的精神也是值得敬佩的。

眾所周知，對於戴爾而言，他們既沒有非常悠久的歷史，也沒有較為實力雄厚的科技研究力量。因此，想要在資訊科技產業謀求一定的巨大發展空間，戴爾只能不斷地努力，以最快的速度獲取勝利。

據相關資料統計，戴爾在個人電腦的銷量上，已經遠遠超

過IBM、惠普和康柏,並且連續三年排名一直都保持在全球的NO.1。

不想當將軍的士兵不是好士兵

拿破崙曾說「不想當將軍的士兵不是好士兵」,一個士兵不管他的內心想當將軍的欲望程度如何,只要他有了這樣的理想和欲望,就會在實際行動中產生前進的動力,這對其自身價值的實現有著不可替代的作用。

帕格尼尼是著名的「小提琴之王」,是有名的演奏家兼作曲家。帕格尼尼在一次表演過程中,琴弦由於不堪重負,一根接一根地繃斷了。但他並沒有驚慌失措,而是僅憑著唯一的那根琴弦,拉完了最後一個音符。直到謝幕時,帕格尼尼舉起小提琴的時候,觀眾們才看到已經斷開的琴弦,頓時臺下一片掌聲雷動。從此,人們賦予帕格尼尼「獨弦琴聖手」的美譽,他傳奇般的藝術人生也成為人們津津樂道的話題。

可知,想要成為那個卓爾不凡的「大拇指」,不是光想就可以的,還必須要付出加倍的努力去行動。十指雖連心,卻只有大拇指承擔著與眾不同的責任和任務。同樣地,無論是企業還是個人,只有獨樹一幟,才能散發出最耀眼、最閃亮的光芒。

第七章

高效行動：
讓複雜的問題變得簡單

鱷魚法則：
關鍵時刻不要做複雜的取捨

「鱷魚法則」是美國投資界一個既簡單又有用的交易法則，也稱「鱷魚效應」。因為鱷魚的吞噬方式較為特別，獵物掙扎越厲害，鱷魚的收穫就會越多。所以，萬一被鱷魚咬住你的腳，務必記住：你唯一的生存機會就是犧牲一隻腳！所有世界上成功的證券投資人在進入市場之前，都會對這一原則的理解程度進行反覆的訓練。

在生活中，有時不好的境遇會不期而至，令人猝不及防，手忙腳亂，甚至會造成嚴重的損失。這時候，要學會安然處之，及時主動放棄局部利益而保全整體利益，才是最明智的選擇。同理，當你犯了錯誤的時候，要懂得立即停止錯誤，迷途知返，不可再找藉口或理由來採取其他任何措施，否則將陷入更大的麻煩和錯誤中，以致造成更嚴重的後果。

當斷則斷,切莫遲疑

2014年,是中國股民的集體大狂歡。李權跟大多數股民一樣,對股市充滿了熱情,將自己存了多年的積蓄,整整100多萬元都投入進去,並加了4倍槓桿。「錢」景無限,李權在2015年4月時,果然賺了400多萬元。

然而,從2015年5月起,A股像發了瘋似的開始持續下跌,到6月指數「跳崖式」暴跌。李權的股票也被強制平倉,最後所剩金額竟不足30萬元。一夜之間,他的多年積蓄幾乎化為虛有,就如做了一場黃粱美夢一般,只是,夢醒了,錢也沒了。

李權一次次揪著腦袋問自己:「為什麼跌到300萬元的時候我沒拋?為什麼跌到200萬元的時候我沒拋?為什麼跌到100萬元保本的時候我沒拋⋯⋯」

到底是為什麼呢?就是因為人性的弱點,因為李權的貪心和不甘心所致。倘若在他的股票首次出現跌落時,他就果斷拋出,也不至於會輸到如此地步。

在股市中,要懂得規避「鱷魚效應」,當你發現自己的交易背離了市場的方向時,必須當斷則斷,要立即止損,不得有任何延誤,更不得有絲毫僥倖心理。很多人往往由於人性天生的弱點,會不自覺地影響自己的操作,一次大虧,足以輸掉前面99次的利潤。

主動放棄,及時止損

Zappos是一家獨角獸公司,被亞馬遜以超過10億美元收購。Zappos公司在招聘員工方面非常嚴格,他們的人事經理制定了一條非常特別的招聘政策:被招聘進來的新人都會先安排近一個月的培訓。而在培訓結束之後,公司會給這些員工提供兩個選擇:一個是留下來,成為公司的正式職員;另一個是離開這家公司,同時公司會給予4000美元的獎金。

決定離開公司的人反而能夠拿到獎金,這聽起來似乎很荒唐。為什麼Zappos公司要在並不利己的情況下還多給錢呢?這是因為Zappos公司看到並承認了一個很多公司可能已經看到卻不願承認的事實:新進的員工中,總是會有一些想要離開這家公司的,很可能半年之內他們就會選擇離開。而這樣的員工對於公司並沒有強烈的認同感,他們常常想的是我得到了什麼,而不是我為公司帶來了什麼,所以他們對公司產生的價值就會很有限。

如果讓這樣的員工留下來,不僅起不了什麼好作用,反而可能會給公司帶來損失,除了薪資福利的支出以外,還有可能會在工作及公司文化上造成一定的負面影響和破壞。與其讓這樣的員工留下來給公司造成損失,不如選擇及時止損,拿出4000美元讓他們早點離開,從而避免出現「鱷魚效應」。而從另一個角度來說,放棄4000美元獎金而選擇留下來的人,往

往都是真心認同公司文化,並願意與之共同進退的員工。

　　Zappos公司的這項招聘政策的確十分有效,因為他們在很早期就規避了長遠來看可能存在的損失,為公司帶來了積極的影響。智者曰:「兩弊相衡取其輕,兩利相權取其重。」趨利避害,這也是放棄的實質。在必要時懂得主動放棄,及時止損,也未嘗不是一件好事。

　　麥肯錫資深諮詢顧問歐姆威爾·格林紹說過,雖然不知道正確的道路是什麼樣,但是一定不要在錯誤的路上走得太遠。的確如此,無論是生活中還是商場上,難免會出現一些難以做出選擇的情況,而這時候就需要當機立斷,不能遲疑;適當地放棄一些東西,能夠及時止損。

布里丹毛驢效應：
不要把時間浪費在猶豫上

在心理學中，把在決策過程中出現難以進行抉擇的現象稱為「布里丹毛驢效應」。

布里丹毛驢效應源於這樣一個故事：法國哲學家布里丹每天都會從附近的農民那裡買一堆草料來餵他的小毛驢。一天，賣草料的農民多送給哲學家一堆草料，於是小毛驢旁邊有了兩堆草料，看著這兩堆草料，小毛驢開始比較，由於兩堆草料的數量、品質和離牠的距離都沒有什麼差別，所以小毛驢最終在選擇比較中活活被餓死了。

其實，這就像在魚和熊掌之間進行選擇一樣，如果不肯做出捨棄、貪得無厭都想得到，那麼事情的結果往往是什麼也得不到，這種行為，看上去是追求完美，實則錯過了最好的機會，與成功擦肩而過。

明確目標，果斷決策

古往今來，有無數名人志士皆因為出現布里丹毛驢效應而導致失敗。

戰國時期，趙武靈王晚年禪位當了「趙主父」之後，想廢掉小兒子趙惠文王，改讓大兒子繼位，但又猶豫不決，結果被趙惠文王的手下圍困起來餓死。在《三國演義》中，東漢末年大將軍何進想除去宦官，卻優柔寡斷錯失良機，反被十常侍殺害。初唐時期，魏徵建議李建成除去李世民，李建成因猶豫不決沒有及時採納，反被李世民搶先一步發動玄武門事變而全家被殺⋯⋯這些人都是因為決策不及時，才導致悲劇的發生。

在現代，很多企業在經營中也經常出現布里丹毛驢效應。當企業面臨抉擇之時，如何選擇對企業的成敗至關重要，因此，企業管理者都希望能做出最佳抉擇。但他們在抉擇之前，往往會反覆權衡利弊，出現舉棋不定的現象，如此一來就導致很多的機會去之不返。有時候，機會都是稍縱即逝，並沒有留下足夠的時間讓人們去思考，這就要求企業管理者必須審時度勢，及時做出選擇。

一位成功人士聲稱，影響他一生的最大教訓是發生在他6歲時的一件事。那天，他路過樹下的時候，正好一隻鳥巢掉落在他的頭頂，然後滾出一隻小麻雀，自己滿心歡喜地把牠帶回了家，但是又怕媽媽不同意，便把小麻雀放在門後去徵得媽媽

的意見，得到媽媽的允許後，他興奮地去找小麻雀，卻發現一隻黑貓在舔著嘴巴。

小男孩從這件事中得到了極大的教訓，以後只要自己認為對的事情，就不應猶豫不決，應該當機立斷，付諸行動。如果不能做出明確的選擇，既沒有做錯的機會，也不會有成功的可能性。正是因為小男孩有了這種覺悟，後來才有機會將事業發展壯大。

因此，作為企業的管理者，在工作中面臨選擇時，一定要當機立斷，準確分析形勢的利弊，確保決策的及時、有效和準確性，只有這樣，才能使決策贏得優勢，取得成功。

把握時機，迅速執行

好的機會往往是可遇而不可求的，能夠準確把握時機及時採取行動，也是一種智慧。

世界酒店大王希爾頓，早年追隨掘金熱潮到丹麥掘金，但是不幸的是他沒有掘出一塊金子，但是上天卻給了他另一種眷顧。當他失望地準備回家時，發現了一個比黃金還要珍貴的商機，並且迅速地把握住了。當別人都在忙於掘金之時，他睿智的眼光看到了商機所在，便開始忙於建旅店，做旅館生意，這才為他日後在酒店事業上的成功奠定了基礎，最終成了名副其實的「世界酒店大王」。

再看看中國首富李嘉誠。在改革開放初期，社會還相對落後之時，土地並沒有像現在這樣的「寸土寸金」，但李嘉誠就看到了土地的未來發展潛力，並準確把握住這個商機。他當時處在那樣的社會環境，並且自己還不富裕的情況下，選擇借鉅款大肆購買地皮，這樣的眼光和魄力令人欽佩。事實證明，他的眼光沒有錯，他做了常人連想都不敢去想的投資行為，而正是因為這次投資才使他發家起業，最後成了亞洲地產大亨。他的成功離不開對時機的把握和果斷行動。

運氣有時候就像市場上的買賣，當你在猶豫觀望之際，價格既有可能上漲也有可能下跌，因此，我們應該把握最佳時機，該出手時就果斷出手，一旦決定，就要毫不猶豫地付諸行動，奔向最終目標。

在進行決策的過程中，切忌出現布里丹毛驢效應。人們在現實生活中總會遇到很多的抉擇，而如何做出選擇則會事關人生的成敗，所以在選擇的過程中，要當機立斷，切不可猶豫不決，否則將會錯失良機，一無所獲。

奧卡姆剃刀定律：
複雜問題簡單化

　　奧卡姆剃刀定律是由14世紀英格蘭的邏輯學家、聖方濟會修士奧卡姆的威廉提出。這個原理稱為「如無必要，勿增實體」，即「簡單有效原理」。

　　西元14世紀的時候，英國薩里的奧卡姆因為厭倦人們為了「普遍性」、「本質」之類的東西進行無休無止的爭吵，於是著書立說，推崇主張「思維經濟原則」，就是「如無必要，勿增實體」。於是人們為了紀念他，把這句話稱為「奧卡姆剃刀」。這把剃刀的誕生，不僅剃禿了經院哲學和基督神學，還進一步使科學、哲學從宗教中徹底分離出來，最終形成宗教哲學，完成世界性政教分離，成果表明無神論更為實際。

　　在現實生活中，要善於運用奧卡姆剃刀定律，適當地化繁為簡，讓事情變得簡單、高效，這樣事情的成功率也會更高。

取其精華，去其糟粕

奧卡姆剃刀定律雖然大力宣導進行簡單化管理，但是也不是因此就盲目地進行剔除，而是需要在釐清整體脈絡的前提下，把簡單進一步提煉出來。

在美國企業界，很久以來一直存在著這樣一種傳統的官僚認知，即經理們的主要工作就是監督部下正常地工作。然而，這種官僚作風對於企業的長遠發展，並不會起到一種積極的推動作用。如果企業長期保持這樣的狀態，那麼對於企業而言，陷入重重危機也是指日可待的事。

奇異公司也是官僚管理企業之一，前董事長兼執行長傑克．威爾許十分厭惡這種陳舊的傳統官僚作風。1981年，他擔任奇異公司的總裁之後，發現公司的官僚氣息十分濃重，長此以往下去會使公司的業績受到損害，嚴重的話甚至能毀掉這個公司。於是在經過苦苦思索之後，他終於總結出一個結論，那就是管理越少，就會使得公司保持一個越好的狀態。

隨後，他對公司的官僚管理風格進行整合，盡量讓控制和監督在管理工作中的比例有所減少。威爾許經過使用神奇的剃刀剪裁官僚風，使得奇異公司一直保持了20年的輝煌戰績。正是對奧卡姆剃刀定律運用得當，才發揮了如此之大的作用。

化繁為簡，化難為易

奧卡姆剃刀定律不僅僅是企業的管理金鑰，同樣也是一種最為基本的生活理念，它要求人們在處理繁雜的事務時，化繁為簡，有效地解決最根本的問題。

張強是某電子科技公司的一名測試員。公司最近開通了一項新的業務，如同往常一樣，業務開通前需要進行各種測試。於是，他和同事圍繞如何能夠高效完成業務測試，發表了各自的觀點。

同事認為應該把所有現有的業務都進行一次測試，如果測試期間缺乏人手，再按需要加人，進行測試的工作時間大概需要8個小時；而張強不這麼認為，他覺得應對業務的系統實現特性做一個精確的分析，然後在此基礎上有針對性地進行相應的業務測試。經過兩人的多次爭論探討，最終達成一致的意見，決定採用張強的方式進行，沒想到，測試結果竟然使工作效率比以往的任何測試都提高了一倍。為此，上司在大會上對他們進行了高度的表揚，並積極號召大家學習他們這種解決問題的意識和能力。

在現實生活中，面對所謂的難題時，人們總是習慣往複雜處去想，不願將其簡單化處理，結果反而增加了難度。事實上，朝著複雜的方向發展只會浪費自身的精力，殊不知，高效能往往是來自簡單化的操作。因此，在處理事情時，應學會把

握重點,找到關鍵的部分,去掉多餘的枝節,化繁為簡,化難為易,那麼成功將會變得更簡單。

不論是在企業管理中還是在現實生活中,都離不開奧卡姆剃刀定律。當面臨困難或問題時,不妨運用此定律做一番抉擇。如果一件事情有兩種或以上的解決方案時,選擇最簡單的方式;當一個目標能以最短的路徑到達時,就不要再拐彎抹角。

華盛頓合作定律：
人多的時候合作最重要

華盛頓合作定律與中國「三個和尚」的故事非常類似，大概說的是：一個人敷衍了事，兩個人互相推諉，三個人則永無成事之日。可想而知，如果人數比較多的時候，能夠擁有一種好的合作方法還是很重要的，因為這可以進一步促進彼此推進，否則會在很大程度上降低實際的工作效率。

合作時要講究方法和原則

按照正常思維來說，三個和尚挑水吃，本應該是一種人多力量大的局面，能夠喝到更多的水。然而，一個和尚的時候有水吃，兩個和尚的時候抬水吃，等到三個和尚的時候，竟然演變了沒水吃的局面。

這個故事就明確體現了華盛頓合作定律對於群體合作有著很大的影響，合作不當，會使組織效能有所降低。如果故事中

的方丈能為三個和尚挑水制定明確的分工，那麼他們不僅會挑到水，而且會有吃不完的水。

那麼針對這種情況，如何能讓多人高效率地共同完成工作任務呢？這就需要破解華盛頓合作定律了，在進行合作的過程中，講究一定的方法和原則，確立成員之間主要分工，落實成員的具體責任，對每個成員實行公開考核制度。讓大家能夠知道所有成員的努力程度，知道誰在敷衍了事，誰在互相推諉，從而進一步督促員工各司其職，防止團體中出現旁觀者。

保持理念一致、團結協作

一位英國科學家做了一個這樣的實驗：他把點燃的蚊香放進了蟻巢，巢中的螞蟻先是受到了驚嚇，然而十幾分鐘過後，開始有許多螞蟻衝到了火中，牠們把蟻酸噴向蚊香，由於一隻螞蟻噴出的蟻酸有限，所以這些「勇士」很快就葬身火海之中。但是其他蟻群並沒有因此退縮、放棄，依舊加入撲火行列，幾分鐘之後，火終於被撲滅了，活下來的螞蟻將「勇士」們的身體抬著陸續地埋葬了。

之後，這位科學家又放入了一支點燃的蠟燭，這次的火勢要比上次的火還大，但是蟻群已經從上次的教訓中吸取了經驗，於是牠們團結協作、臨危不亂，在很短的時間內就把火撲滅了，神奇的是這次救火時竟然沒有一隻螞蟻犧牲。

從螞蟻救火的事件中，我們能夠清楚發現，個體力量要遠遠小於團隊的力量，每一個團隊都是一個非常強大的集體，同時，只有團隊中的每一位成員都具備團體協作的積極精神，然後把這種力量彙集在一起，才能最大限度發揮團隊的最終力量，從而進一步壯大事業的發展空間。

亨利是一名非常優秀的行銷員。他所在的部門，有著非常融洽的團隊合作氛圍，所以團隊中每個人的業務成績都十分突出，可是這種氛圍並沒有維持很長的時間，就遭到了亨利的破壞。

那天，公司高層分配了一個重要的專案到亨利所在的部門，部門主管在百般思考之下，還是沒有確定最終的可行方案。亨利認為自己對這個項目有很大的把握，於是為了表現自己，他越過了主管，直接向總經理彙報說自己能夠承擔這個項目，並遞交了自己的可行方案。他的做法不僅傷害了部門主管，也影響了團隊精神。

最後，總經理安排他與部門主管一起推動這個專案時，二人產生了很大的分歧，沒有達成一致的意見，導致團隊內部出現了分裂，因此，這個項目也被搞得竹籃打水一場空。

所以，在工作過程中，不能為了圖一己私利，而棄團隊的榮譽不管不顧，這樣一來，只會擾亂團隊秩序；只有團結協作，共同努力，才能發揮團隊最大的作用。

人多的時候合作最重要，在合作的過程中，若要避免出現

華盛頓合作定律的現象，就要懂得講究合作方法，明確職能分工，同時還要保持彼此理念一致、團結協作，才能達到合作雙贏的局面。

洛伯定理：
不要什麼事情都自己做，要懂得授權

美國管理學家R.洛伯在做了相關研究後，發現對經理人而言，他們不在場的情況要遠比在場重要。因為一旦養成總讓下屬聽你的習慣，那麼當你不在時下屬就會手足無措。這就是著名的「洛伯定理」現象。所以，洛伯定理告訴我們，要想讓員工明白經理人不在的時候他們應該去做什麼，經理人就要學會授權，給員工提供自由發揮的廣闊空間。所謂的授權，就是指主管不必花費太多時間去做別人能做的事，而是應該把時間放在只做必須由自己做的事上來，只有這樣，主管的能力才能進一步得到延伸。

善於任人，合理授權

在第二次世界大戰中，盟軍的最高指揮官是艾森豪將軍。而艾森豪將軍就只管四個人：海軍總司令、陸軍總司令、空軍

總司令，還有一個參謀總長。

艾森豪將軍常常去打高爾夫球，有士兵問：「我們都在前線衝殺，你怎麼去打高爾夫球？」艾森豪將軍不以為然地說：「因為我是下決策的人，必須保持心情放鬆，這樣才能讓自己在十分冷靜的狀態下考慮事情，做決定。如果我每天雜事繁多，經神緊繃，那就沒辦法考慮重要的事情。一旦下錯一個決策，傷亡的可能就是數萬人，甚至幾十萬人。」

很多做領導者的人，都誤以為做很多事才是勤奮努力，這得要進一步冷靜去考慮，因為每一個人最重要的工作是不同的。而且艾森豪的一個最大特點，就是善於發現和任用人才，像喬治·巴頓、范佛里特等一大批名將，都為他所用。所以領導者的重要任務是任人，而不是做事。

北歐航空公司董事長卡爾松就是透過巧妙運用合理授權，解決了北歐航空系統存在的陳規陋習的。卡爾松的目標就是讓北歐航空公司變成一家最準時的航空公司，但是怎麼實行、找誰來解決，經過一番尋找，有了合適的人選。

卡爾松在拜訪他時，詢問他如何成為歐洲最準時的航空公司，並約定幾個星期後見面再詳談。後來他們再次見面，卡爾松問他能否做到，那人說，需要花費6個月的時間，用到160萬美元，卡爾松答應了。之後，他們不僅實現了目標，還省下了50萬美元。

所以，從這個例子中我們能夠得知，作為領導者，不能包

攬各種權力於一身，要懂得讓下屬為自己分擔，最大限度地給下屬授權，這樣才能夠增強下屬的積極性和創造性，做出出人意料的成績。

善於管理，統攬全局

一位叫丙吉的宰相，外出巡視，途中遇到殺人案件卻沒有理睬，反而對路旁一頭大喘氣的牛格外關心。隨從對這種行為不解，丙吉說殺人案件自有地方官吏會去管理，而牛出現異常喘氣，很可能會引發瘟疫，這是關乎民生疾苦的問題，所以必須要重視。

不僅僅是古代，對於現代企業而言，這同樣尤為重要。一個企業的領導者，必須分清事情的主次，應時刻明白只做必須由自己來做的事，其餘的完全可以交給下屬去做，不必事必躬親。

眾人熟知的微軟創始人比爾‧蓋茲在電腦領域是一個卓越的天才，但是他有一個特點，就是做經營的時候，就徹底放下技術方面的工作；搞技術研發的時候，又徹底離開管理崗位，另委派他人管理，結果證明他的做法是正確的，因為這種行事風格會讓他全身心投入，因此獲得滿意的結果。

企業領導者可以不會其他技能，但是必須要能夠做好自己的本職工作，善於管理，統攬全局。

洛伯定理就是要讓領導者明白，要想做好一個領導者，就要善於用人，懂得合理地授權，把時間和精力放在管理中，主抓重點，謀取大局，這才是一個領導者應當做的事情。

第八章

積極社交：
好的社交圈需要智慧和情商

交往適度定律：
對人太好也是錯

交往適度定律是指在人際交往中要懂得把握好一個度，超過這個度，人際關係就有可能走向反面。心理學家霍曼斯曾提出：「對對方過度的好，會使對方過度麻木，一旦對方得不到原來的標準，就會產生不滿。」所以，在人際交往過程中，注意不要「過度投資」。

別讓好心變成理所應當

有一位姑娘心地非常善良，儘管她並不寬裕，卻經常樂於助人，樂善好施。有一次，她發現自家樓下「住」過來一個小乞丐，於是給小乞丐拿來了一些吃的，還給了100元錢。從此以後，姑娘每個月都會給小乞丐100塊錢，小乞丐也很感激。如此，堅持了兩年。兩年後的一天，姑娘給了乞丐50元。乞丐很詫異，問她為什麼比原來給的少了。姑娘解釋說，自己的

母親生病了，家裡開支變大，手頭很拮据，所以以後每月只能給他50元了。小乞丐勃然大怒道：「你憑什麼拿我的錢去養你的母親？」

這個故事中的小乞丐把姑娘的好心當成了理所應當，殊不知，姑娘就是一分錢都不給，他也沒有理由去質問她。這個世界上，像小乞丐一樣需要幫助的人有很多，能對別人的同情和幫助表示感激的人也不少。但當把別人對自己的好看作一種常態時，這個小乞丐的勃然大怒就會成為一些受助者的正常反應，因為他們習慣了別人對自己的好，並且把這種好視為理所當然。而一旦把別人對自己的好看作理所當然時，人性的扭曲就不可避免。

現實生活中，也不乏這樣的例子：「大衣哥」朱之文憑藉《我是大明星》一舉成名後，很多村民對他的理解就是，出去唱一首歌就有幾十萬元、幾百萬元的收入，由此自然成了村民眼裡的有錢人。成名之後的朱之文沒有忘本，還是種著地，到了收莊稼的季節也是回村裡收割莊稼。雖然他已經很有錢了，但是還住在原來的村子裡，並沒有搬到所謂的大城市。不過，朱之文面臨的困惑越來越多，他不但得不到鄉親們的尊重，反而和鄰里之間的關係越來越差，甚至還要面對他們的指責，實在令人寒心。

朱之文出錢給村裡修路，路修好了沒人感激他，有村民說他「修路不是在村裡立碑了嘛，他還不是想要這個名聲」。很

多鄉親們來找朱之文借錢,並不是因為急用錢,而是為了改善生活,並且借出去的錢沒有一個人來還,大家都認為「朱之文一年賺這麼多錢,還差這一萬、兩萬的借款」?春節之時,朱之文挨家挨戶給村裡的孩子發錢,一人200元,這個舉動不但沒有贏得鄉親們的尊重,甚至出現了一個搞笑的場面:朱之文說了這是給孩子們的壓歲錢,但是還是有百名村民圍堵討要。無奈之下他只好給大人們也發了錢,但讓人驚訝的是拿到錢的鄉親們竟然嫌棄200元太少,認為大衣哥實在是「太摳門」。

朱之文原不忘本,成名之後為家鄉做貢獻是件好事,但鄉親們把朱之文的好心當作理所應當,才導致出現了這樣的局面。俗話說「升米恩,斗米仇」,窮不可怕,可怕的是窮得理所當然。所以,在人際交往中,不要把好事一次做盡,要留有餘地,或者給對方回報的機會。

適度為好,過猶不及

一位女士拿著離婚證在路邊傷心地哭泣,因為丈夫和她提出離婚的原因竟然是她對家裡的每個人太好了,以至於讓他無法接受。原來,這位女士特別喜歡照顧別人,尤其是一到下班時間,回到家的她願意包辦家裡所有的家務,這讓自己的丈夫、公婆感到手足無措,他們就像是在別人家裡做客一樣,所以,時間一長,全家人再也忍受不下去她的這種行為了,只好

讓她離開這個家。

心理學家霍曼斯曾提出，人與人的交往就如同市場上的商品交換所遵循的原則一樣，在交往中得到的不能太少於所付出的，但是得到的也不能太大於付出的。如果得到的大於付出的，人的心理會有一種失去平衡的感覺，感到無法回報，從而會產生一種愧疚感，這種心理會使受惠的一方選擇遠離。這位女士離婚的原因就是這樣，對家人過好，使得家人心生愧疚，只好讓她離開。

人們常說「幫你是情分，不幫是本分」，人與人之間的情誼就像天平的兩端，只有保持平衡，才能長久相處。因此，在人際交往中，對別人好也需要適度，過猶不及，別讓自己的好心變成了別人的理所應當。

重複曝光效應：
你出現的次數多了，印象也就深了

心理學上有這樣一種現象，就是越是你熟悉的東西，你對它的喜歡程度就會越高，這就是心理學家扎榮茨提出的「重複曝光效應」。

1960年代，扎榮茨曾做過這樣一個實驗：他讓參加實驗的人觀看一些人的照片，照片出現的次數不一樣，有出現二十幾次的、十幾次的，甚至還有一、兩次的。最後，讓觀看照片的人一一評價他們對照片的喜愛度。結果顯示，參加實驗的人看到的照片出現的次數越多，就會越喜歡，而對於那種只出現幾次的照片往往引不起太多的注意。所以，結論就是觀看次數越多，越能夠增加喜歡程度。還有一個實驗：是在一所大學的女生宿舍進行的，心理學家隨機找了幾個寢室，把不同口味的飲料分別發給她們，並要求她們以品嚐飲料為由，在這幾個寢室之間互相走動，但是見面時不得進行交談。過了一段時間之後，心理學家對她們的熟悉和喜歡程度進行了評價，得出的結

論是：見面次數越多，彼此相互的喜歡程度就會越高；而那些見面次數較少的或者是甚至沒有見面的，喜歡的程度也會相對較低。

這就進一步說明，在人際交往過程中，重複曝光效應是存在的。對於那些善於製造雙方進行接觸機會的人，在互相接觸的過程中可以慢慢熟悉，從而能夠產生更大的吸引力，讓對方喜歡的機會也就相對更大。

生活中運用重複曝光效應能贏得好人緣

在感情世界中，為什麼人們都說「日久生情」比「一見鍾情」來得可靠呢？這正是因為「日久生情」就是重複曝光效應的反應結果，出現的次數多了，印象也就深了，感情便會日漸升溫。並且「日久生情」是建立在彼此更加瞭解、熟悉的基礎之上，這樣的情感自然也會更加穩定。

唐雪在大學快畢業的時候，家人就急著給她介紹了一個相親對象，但當時她的心思還在畢業論文和未來工作的問題上，對這種事情並不太在意。於是，唐雪就抱著看一看，也好給父母一個交代的心理，與男孩相見了。對方是一個相貌平平的男孩，看起來並不出眾，兩個人像走形式一樣互相詢問了一些基本情況，最後結果也是不了了之。

後來，唐雪畢業後去了上海工作。一個人在陌生的城市打

拚，因為生活和工作的壓力，唐雪常常感到心力交瘁。

有一天，家人告訴唐雪，那個曾經和她相過親的男孩也在上海，於是兩個人便聯繫上了。當時，唐雪也沒有多想，只是覺得在這個陌生的城市，有一個老鄉在也挺好，還能有個照應。於是他們便經常聯繫，每到週末就約著一起去逛一逛、走一走或者看場電影。時間長了，兩個人之間竟然越來越默契。唐雪想吃什麼的時候，還沒等她開口，男孩就已經買過來送到她面前了。

經過一段時間的接觸，唐雪逐漸發現這個當初看起來相貌平平的男孩，現在越發像個男人了，長得也挺好看的，屬於耐看型。並且她發現這個男人還有很多優點，比如人很細心、體貼、乾淨、勤快……唐雪已經在不知不覺中喜歡上這個男人了。

一年過後，唐雪和這個人手牽著手一起回老家，順利地舉行了婚禮。

唐雪和這個男孩如果沒有在一起接觸、相處的時光，相信兩個人很快就會將彼此忘記。但因為接觸的時間越長，才會彼此越來越欣賞，最終讓這段感情有了歸宿。

其實，「日久生情」的例子在生活中十分常見，包括很多明星都是在拍戲的過程中結下的情緣。可見，與人交往得越多，他們的關係就越親密，這就是重複曝光效應的結果。所以，在生活中，如果你希望被別人喜歡，不妨適當運用重複曝

光效應，讓對方有更多的機會看見你，次數多了，印象也就深了。

工作中運用重複曝光效應能贏得成功

原一平，是日本著名的推銷之神，他在剛剛進入保險業的時候，為了能夠贏得一個大客戶，曾苦苦花費3年8個月的時間，每天去登門拜訪，可是去了70次，每次都撲空了，然而在這種情況下，他並沒有因此失去信心、垂頭喪氣，而是繼續堅持不懈地登門拜訪，在第71次終於獲得了成功。

之後的原一平談到這件事的時候，說了這樣一句話，當你想把潛在的客戶變成真正意義上的客戶時，就要把客戶所帶有的一切顧慮給他打消，不僅如此，還應該做到與客戶保持一種經常性的聯繫。

被稱為世界第一推銷員的喬‧吉拉德也曾說，對於推銷而言，實際上並不是一件極其困難的事，關鍵就是要一直不斷地堅持，不斷地去拜訪客戶。的確，只有經常保持與客戶見面的機會，才會逐漸地拉近與客戶之間的關係，從而提升推銷的業績。

其實不僅僅是推銷，就像我們在平時的工作過程中也是同樣的一個道理，要想進一步拓展自己的人際，就應該適當地增

加與他人不斷見面的機會。學會巧妙運用重複曝光效應,能夠使你與自己的目標更近一步,從而打動客戶。

可見,熟悉能增加人際吸引的程度。當然,要使重複曝光效應發揮好作用的話,還有一個前提,就是要給他人建立一個好的第一印象。否則,頻繁見面,只會越發增加對方的厭惡感。

互惠關係定律：
你幫人，別人才願意幫你

　　心理學上有一種「互惠關係定律」，具體而言主要包括：給予就會被給予，剝奪就會被剝奪。信任就會被信任，懷疑就會被懷疑。愛就會被愛，恨就會被恨。

　　在人際關係中，最好的人際交往便是，你善待他人，他人也善待你。愛默生說：「人生最美麗的補償之一，就是人們真誠地幫助別人之後，同時也幫助了自己。」這就是「互惠關係定律」的體現。

別人對你的態度，取決於你對別人的態度

　　一個小男孩和母親賭氣之下，來到了大山邊，他憤怒地朝著山谷大喊了三遍「我恨你」，沒想到，山谷裡竟然也傳來了三遍「我恨你」的回聲。小男孩氣沖沖地回到家，告訴母親山谷裡有個小孩在罵他，於是母親又把他帶到大山邊，這回讓他

朝著山谷大喊「我愛你」，小男孩照著母親說的做了，然而這次他卻發現山谷裡傳來了「我愛你」的回聲。

有時候，並不是只有大自然才有回聲，人的生命過程也會有回聲存在。有個男人在氣候惡劣、白雪覆蓋、毫無人煙的尼泊爾的山路上走了好久，終於見到了一個旅行家，於是兩人互相為伴，繼續前行出發。但是為了節省彼此的熱能，兩人在一路上都一直保持著沉默的狀態。

途中，突然發現一位老人倒在雪地裡，男人擔心老人這樣下去會被凍死，於是想要讓同伴幫忙，把老人一起帶走，可是同伴卻說這麼冷的天怕受到拖累，於是獨自先行離開了。這個男人只好自己背著老人繼續前行，走了一段時間，男人的全身已經被汗水浸濕，然而，這股熱氣卻意外地把老人的身體慢慢地溫暖了，老人開始有了知覺，於是他們就靠彼此散發的體溫進行取暖。

就在他們快要到達村莊的時候，發現村口聚集了好多人，男人帶著疑惑擠進了人群，發現有個男人僵硬地躺在那裡，仔細一看，這個男人竟是當初與他一起搭伴後來中途離開的那個人，可惜他離村莊只有咫尺之遙了。

其實，在生活中也是如此，別人對你什麼態度，往往取決於你對別人的態度。如果你對別人的態度很好，那麼你自然會接收到別人傳遞給你的好態度，這樣長此以往，你會發現自己所處的人際關係環境是一種很好的狀態。

懂得換位思考，獲得更多的理解和幫助

換位思考，是設身處地為他人著想，即想人所想，理解至上的一種處理人際關係的思考方式。人是三分理智、七分感情的動物，如果一個人能夠長期保持「想他人之所想」的態度，那麼長此以往，別人自然也就會增進對你的理解和幫助，同時還能減少很多不必要的誤會和矛盾。

例如，春節的時候，人們手機接收最多的消息便是祝福短訊。只是，越來越多人覺得，群發的祝福並不能給自己帶來快樂，反而會讓人感到十分厭煩，甚至有人會認為這是一種騷擾。倘若在發訊息時，人們能換一個角度，站在對方的立場上去思考，群發的消息會不會打擾到對方，或者自己手動編輯一些祝福的話語，讓對方看到你的真誠，這樣就能避免很多「拉黑」或「被拉黑」的情況發生，甚至還會收到對方的回覆，得到同等的祝福。

所以，當我們在處理人際關係的時候，學會換位思考，設身處地地想他人之所想，這樣才能得到更多的理解和幫助。

在職場，上司和員工之間亦是如此，學會巧妙地運用互惠關係定律，能更好地幫助我們發展事業。正所謂「士為知己者死」，通常從業者可以為認可自己存在價值的上司鞠躬盡瘁。當上司真誠地替員工著想，幫助員工發揮自身價值的時候，員工自然也會用努力工作來回報。

1933年，美國正面臨經濟危機時期，哈里遜紡織公司也難以避免此劫。不僅如此，前不久發生的一場大火更是讓公司損失慘重，幾乎所有的廠房和設備都成了陪葬品。哈里遜一想到公司的3000名員工因此將面臨失業，便心生不忍，於是他決定繼續為員工發放工資，算是為公司、也為員工做的最後一分努力。

　　隨後，這些員工紛紛收到來信，說是董事會會繼續發放他們一個月的工資，他們十分驚訝，並向公司表達了由衷的感謝。一個月之後，他們再次接到通知，說是董事長決定再支付他們一個月的工資，這時他們內心深深地受到了觸動，因為他們知道，對於公司而言，現在本身就處於一種虧損的狀態，而且現在也沒有任何產出和收益，但是在這種情況下，公司還要堅持支付他們的工資，董事長得承擔非常大的壓力，這個決定對他們來說也是意義重大的。

　　於是，員工們一致協商，帶著感激和熱忱，使出渾身解數，日夜不停地為公司賣力工作。功夫不負有心人，在全體成員的共同努力下，哈里遜公司終於在3個月後奇蹟般地起死回生。後來，哈里遜公司逐漸發展成為美國最大的紡織品公司，他旗下的分公司遍佈了全球數十個國家。

　　我們看到哈里遜公司的成功，不是來自偶然，而正是因為哈里遜做到了換位思考，他能夠充分地站在員工的處境去考慮事情，並最大限度地為此做出努力，最後才有了員工努力工作

的回報,令公司起死回生,並發展壯大。這就是領導者與員工之間互惠關係定律的體現。

互惠關係定律就如同《詩經》中的那句「投我以桃,報之以李」,人們通常都會以相同的方式來報答他人為自己所做的一切。所以,在人際交往過程中,要懂得主動幫助別人,只有你先願意幫助別人,別人才能給予你相應的回報。

蹺蹺板效應：
在人際交往中要保持收支平衡

著名的社會心理學家霍曼斯提出，人與人之間進行交往，本質上來說就是一個社會交換的過程，應該把彼此所需要的相互給予。對方高的時候，自己就得低一點；對方低的時候，自己就得高一點，這就是著名的「蹺蹺板效應」，要時刻保持一種平衡和對等的狀態。

平等對待他人，才能維持平衡關係

曾經有一位大學教授做了一個小實驗，他挑選了一些陌生人，然後隨機給其中的一些人寄了卡片，沒想到，幾天之後，他竟然收到了這些人回贈的卡片，有很大一部分人都是出於感謝而回贈的。

不光人類擁有這種特性，其實，在動物界也存在一樣的「遊戲規則」。有一種類型的蝙蝠，牠們主要是借助吸食其他

動物的血液為生，如果兩晝夜牠們吸食不到血，那麼只能被活活餓死。但是，這時候就會出現這種情況，有一隻剛剛飽餐一頓的蝙蝠，往往會把自己已經吸食的血液吐出一部分反哺那些瀕臨死亡的同伴，儘管沒有任何親屬關係。不過，這些蝙蝠們會做出選擇，去回報那些曾經向牠饋贈過血液的個體，至於那些知恩不報的個體，牠們是不會饋贈血液的。

在現實生活中，當人們收到禮物或得到恩惠後，會覺得自己有義務來予以回報，因為對恩惠的接收往往與償還的義務緊緊聯繫在一起。所以，人們總是習慣用平等的態度來處理人際交往關係，這樣才能維持彼此之間的收支平衡。而那些不懂得維持人際交往收支平衡的人，往往也都得不到人們的喜歡和認同。

一位頂尖大學畢業生小張在參加工作以後，因為工作業績優異，深受上司倚重，導致其個人優越感十分強烈，在公司不懂得尊重同事，成天一副傲嬌的嘴臉，平日裡還經常讓一些同事幫忙幹一些複印文件、訂餐等之類的小事。

有一次，快下班的時候，小張受同事的請求，希望他幫忙完成一件手頭未做完的工作，因為同事要急著去火車站接鄉下來的母親。同事說他的母親是第一次從鄉下來北京，如果沒人去接的話，很可能會迷路。但小張一口便回絕了同事的請求，還謊稱自己有約了。

直到有一天，小張要出門辦事，需要帶一個同事來配合做

一些小事，他便在公司大聲問道：「誰願意跟我一起去？」結果無人應答，沒有人願意跟小張去辦事。小張這才意識到原來自己的人緣這麼差。

小張平時喜歡麻煩別人，而在別人需要幫助的時候，又不能給予別人幫助，這樣的人自然得不到別人的喜歡。其實，幫助他人就是在幫助自己，誰都有需要他人幫忙的時候，如果在他人需要幫助的時候你沒有伸出援手，那麼當你陷入困境的時候，也沒有資格向別人求助。

在人際交往過程中，如果總是盲目自大，以自我為中心，不考慮別人的利益，只關心自己的利益，那麼就會阻礙人際關係的發展。只有懂得用平等的心態去對待他人，維持相互之間的收支平衡，才能維持好彼此之間的關係。

看似在付出，其實付出就等於收穫

第一次世界大戰的時候，德國有一種特種兵專門擔任特殊的任務，就是想辦法打入敵軍陣地，把敵軍的俘虜抓回來進行嚴格審訊。由於當時他們在打壕溝戰，而這種情勢對於特種兵來說，想要大隊人馬穿過兩軍對壘的無人區是不可能的，但是如果是一個士兵悄悄溜進敵人的戰壕，成功的機率就會大一些。參戰雙方都有這樣的特種兵，執行任務。

有一個德軍的特種兵因為曾多次完成這樣的任務，所以這

次又接到了任務。他像往常一樣，悄無聲息地打入了敵人的戰壕。這個時候，正好有一個落單的士兵在吃東西，所以一下子就被這個特種兵抓到了。士兵的手中還拿著沒有吃完的麵包，本能使他把麵包遞給了對面的人，沒有想到這個舉動卻形成了另一種局面。特種兵被這突如其來的舉動打動了，於是他做了一個決定：沒有把這個士兵帶回去，自己走了，即使他早已料到後果，長官會因他的失誤而發火。

但是，在特種兵的心裡，他會認為既然別人給了自己好處，就應該要學會回報對方，麵包雖小，但是能充分突顯出對方對自己的善意。所以，即使挨處分，他也不會去抓一個對自己好的人。而這個舉動對於那個士兵來說，雖然他把麵包給了別人，但是這種付出卻是救了自己。

在進行人際交往的過程中，也是同樣的道理，付出即是收穫，當你對別人付出多少時，就意味著將來你會得到多少，甚至是得到更多。

蹺蹺板效應不僅適用於日常生活，也適用於職場社交。其實，人的一生就像在蹺蹺板上行走一樣，無論何時，都需要從低的那頭走到高的那頭，每一步都充滿挑戰，由於越往高處走，就越難把握平衡，所以當你感覺自己越來越高時，那代表已經在走下坡路了。因為，人生的平衡點，其實就在人生最高處，所以，適當地把握好收支平衡，就相當於是握著一把處理人際關係的鑰匙。

第九章

勇於博弈：
用心理戰以弱勝強

槍手博弈：
最先死的不一定是弱者

「槍手博弈」，大致講述的是這樣一個場景：甲乙丙三個槍手要進行決鬥，其中甲的槍法最好，十發八中；乙的槍法次之，十發六中；丙的槍法最差，十發四中。假設他們瞭解彼此的實力，也都能做出理性判斷。那麼，如果三人同時開槍，並且每人只能發一槍，那麼第一輪槍戰後，誰活下來的機會最大？會是槍法最好的甲嗎？

我們先來看一下各自的最佳策略：對甲來說，乙的威脅要比丙大，那麼他應該首先幹掉乙；對乙來說，甲的威脅比丙大，一旦他將甲幹掉了，再和丙進行對決的勝算會大很多；對丙來說，甲的威脅更大些，先努力幹掉甲，再想如何對付乙。

知道了甲乙丙的最佳策略，我們來看下他們各自存活的機率：若甲存活，那就說明乙和丙都射偏。乙命中率60%，射偏機率是40%；丙命中率40%，射偏機率是60%。那麼兩人都射偏的機率就是40%×60%=24%，這就是甲存活的機率。

若乙存活,那就說明甲射偏。甲命中率80%,射偏機率是20%,這就是乙存活的機率。若丙存活,由於第一輪裡沒有人將槍口指向丙,所以丙存活的機率是100%。

透過以上分析可以看出,第一輪槍戰,竟然是槍法最差的丙存活下來了。不過,上述推理有一個重要的假設條件,那就是三個人都瞭解彼此的實力。

以上就是非常經典的「三個火槍手」的博弈論模型,它帶給我們的啟示是:如果你是實力最弱的丙,那麼想要戰勝強敵甲幾乎是沒有勝算,所以,這個時候就需要拉攏另外一個強敵乙進來,把兩方決鬥變成三方決鬥,打亂局勢,扭轉對自己不利的局面。

聯合抗敵,確保利益最大化

大家熟知的赤壁之戰就是「槍手博弈」的一個很典型的例子。三方的最終目標都是統一全國,而三國的最優策略應該是首先攻擊最強的對手。那時,曹操是勢力最強的一方,而孫權居中,劉備是最弱的一方。為了能夠抵抗曹操的勢力,孫權和劉備只能聯手,從而保證獲勝的機率相對大一些。在聯手過程中,孫權出力最多。《三國演義》過於誇大了諸葛亮對赤壁之戰做出的貢獻,實際上,當時孫劉聯軍的統帥是周瑜,也就是說周瑜在赤壁之戰的功勞遠大於諸葛亮。

可見，曹操是槍法最好的火槍手，孫權次之，劉備最差。所以，對於處於弱勢的孫權和劉備來說，聯合才是最佳策略。劉備被曹操打得幾乎無落腳之地而投奔孫權，諸葛亮提出聯吳抗曹。如果孫權不聯合劉備，最終必將被曹操所滅。雙方聯合之後，也許勢力仍然不及曹操，但也不至於立刻就會被曹操所滅。在這個過程中，如果透過雙方的努力，勝算也會增加，還有可能會擊敗曹操。

所以，他們的合作，是槍手博弈的最佳選擇，也就是次等槍手和最差槍手都會把槍指向最好的槍手，以維護己方的利益最大化。槍手博弈告訴我們，實力最強者未必就有絕對的優勢，而實力最弱者也未必就處於絕對劣勢。只有合作才能對抗強敵，當實力較弱時，最好的選擇就是讓自己不陷入鬥爭中。

實力不夠，嘗試使用借力打力

在商業競爭中，如果你的實力不夠，又沒有出手必勝的撒手鐧，那如何從激烈的競爭中脫穎而出呢？下面的案例對你也許會有所啟發。

美國鮭魚市場主要有紅鮭魚和粉紅鮭魚兩個品種的鮭魚，由於兩者之間的競爭十分激烈，所以多年來一直難分勝負。

剛開始的時候，粉紅鮭魚的銷售值總是占據市場的霸主地位，無論是知名度、銷售額還是利潤，都是紅鮭魚的銷售商所

沒法比的，因此，面對這種不利局面，紅鮭魚的銷售商心急如焚地尋找解決方法，於是給他們的推銷員下達了調整期限，3個月內必須改變目前的這種差距。

沒想到3個月過後，出現了令人驚奇的結果，紅鮭魚的銷量竟然超過了粉紅鮭魚。原來是推銷員改變了以往的宣傳口號，從自我誇耀的形式轉變成了「正宗挪威紅鮭魚，保證不會變成粉紅」！

這個紅鮭魚銷售量超過粉紅鮭魚的事例，就是巧妙借力打力得到的一種好處，因為有時候發生正面對碰，還不如巧妙借對方之名大做文章，也許會得到意想不到的結果。

由此可見，這種借力打力的運用範圍較廣，也可以進一步運用於博弈場上。如果發現自己的力量根本不足以和對方進行抗爭時，就要善於借助別人的力量來對付對方，在保護自己不受傷害的前提下，使自己暗中獲利。

其實，「借」的內容比較廣泛，可以借資金、借人才、借技術，等等。但無論是借錢還是借力，甚至於借助對手之名，只要借得合適，借得巧妙，都會幫助你取勝。若是不知道借力，即便有再強的實力也無法成為勝利者。所以，對於弱者而言，要想在激烈的競爭中占有一席落腳之地，只有巧妙地借助於其他人的力量，實行借力打力，只有這樣才能避開沉重的打擊而保存自己，最終獲得博弈的勝利。

由此可見，槍手博弈模型生動地演繹了「弱者逆襲」的全

過程，告訴我們，強者並不是總能以強凌弱，弱者也未必第一個先死，勝利有機會屬於直接面對挑戰但實力稍遜的一方。正所謂「木秀於林，風必摧之」，在關係錯綜複雜的多人博弈中，參與者最後能否勝出，不僅取決於他自身實力的強弱，更重要的是看，他在分析了各方實力的對比關係之後，能否做出正確的策略選擇。

囚徒困境：
個人最佳選擇並非團體最佳選擇

1950年，美國蘭德公司的梅里爾・弗勒德和梅爾文・德雷希爾擬定出了相關困境的理論，後來由顧問阿爾伯特・塔克以囚徒的方式來做了相關的深刻闡述，並進一步命名為「囚徒困境」。

囚徒困境主要講了一則這樣的故事：員警抓到了兩個犯罪嫌疑人之後，把他們分別關在不同的屋子裡進行審訊。員警知道這兩人都有罪，只不過目前他們沒有充足的證據。於是，員警就和兩個犯罪嫌疑人說，如果他們兩人都不認罪並且抵賴的話，那麼就會各判刑一年；如果兩人都對罪行進行坦白，那麼就會各判八年；如果兩人中有一個坦白但另一個卻抵賴，那麼坦白的那個會被釋放，而抵賴的會被關十年。

員警說的三種情形讓每個囚徒都會面臨兩種選擇，要麼坦白要麼抵賴。然而，這三種情形相比之下，不論同夥怎麼進行選擇，對於他們來說，最好的選擇就是坦白。結果，兩個犯罪

嫌疑人都選擇了進行坦白，於是他們被各判刑八年。如果試想一下，當時的兩人都不願意坦白，而是抵賴，那麼就會各判一年，顯然這個結果更好。所以，囚徒困境是博弈論中非零和博弈的代表性例子，它所反映出的深刻問題是，有時候個人做出的最佳選擇並非是團體的最佳選擇。

看似理性，其實聰明反被聰明誤

一個商人在去國外採購貨物的過程中，遇到甲乙兩個供應商，他們為了能夠從中獲得最高利潤，於是達成一致協定，把貨物同時漲價。商人考慮一番，通知他們只能在原計畫的基礎上買一半的貨，所以誰的價格公道就選擇誰，並讓有意願合作的人盡快給他回電話。

現在，問題回到甲乙兩個供應商，如果他們繼續合作，在不降價的基礎上各出一半貨物，顯然他們照樣能夠保證利潤的最大化，但是，換個角度來想的話，如果甲方不敢保證乙方肯定不會給商人打電話並降價，而乙方賣掉貨物後能夠得到豐厚的酬金，那麼他的貨物就會賣不出去，同時，乙方說不定也會有這樣的想法。所以，甲方決定先下手為強，說不準乙方不肯降價，這樣他就可以把全部貨物出售並得到高利潤了。

於是，自認為降價就是自己優勢選擇的甲方，立刻打電話給商人，說願意降價來做成這筆生意。商人說，乙剛剛已經降

價了,他們正準備和乙簽協議。甲忙不迭地說,我的價格還可以比乙降得更低一些……結果,商人以極低的價格成功購買了兩人的貨物,順利地完成了任務,而對於甲乙雙方而言,卻沒有賺取到多少利潤。

　　甲乙雙方站在自己的立場上透過理性分析,都選擇了認為對自己有利的降價策略,雙方都以為自己很聰明,其實在這場價格戰中雙方自認為的理性分析,其實是「聰明反被聰明誤」的表現,最終的受益者不是甲乙中的任何一方,而是商人。

　　生活中,面對博弈的情形比比皆是。如果在博弈中,參與者能夠學會估計其他參與者背叛的可能性,那麼,他們自身的行為就會被他們關於其他人的經驗所影響。簡單的統計顯示,總體而言,那些較為缺乏經驗的參與者與其他參與者的互動,通常有兩種情況,第一種是典型的好,第二種是典型的壞。如果他們在這些經驗的基礎上行動的話,很可能會在未來的交易中致使利益受損。但是隨著經驗的逐漸豐富,他們獲得了對背叛可能性的更真實的印象,會變得更成熟,也能夠更成功地參與博弈。需要注意的是,如果人的自私不改變的話,囚徒困境還會一直存在,永遠都達不到雙方利益的最大化。所以,一定要記住,懷疑或不信任只會導致全輸,合作才能實現雙贏。即使處於博弈中,也要注重合作,要善於換位思考,最終做出真正的最優策略的選擇,千萬不要「聰明反被聰明誤」,因一方看似理性的選擇而導致雙方的非理性行為。

刺蝟法則：
保持恰當的距離

　　生物學家為了能夠進一步研究刺蝟在度過寒冷的冬天時到底擁有怎樣的生活習性，特意去做了一個實驗：他先是在戶外找到了一片空地，然後把十幾隻刺蝟同時放出去，由於當時的天氣十分寒冷，這些刺蝟沒過多久就開始被凍得渾身發抖。為了取暖，牠們互相靠近湊在一起，但是因為靠攏在一起太緊密，時間一長牠們就會無法忍受彼此身上的長刺，所以很快又分開保持一定的距離了。但是，由於天氣實在太冷了，牠們過一會兒只好又緊緊地靠在一起。

　　就這樣，牠們來回聚了分、分了聚，直到最後，終於找到一種彼此之間合適的取暖距離，既能彼此進行取暖，又不會讓身上的長刺扎到對方。

　　這就是著名的「刺蝟法則」，在人際交往過程中也被稱為「心理距離效應」。它旨在強調，在人際交往過程中，隨時應該保持一種恰當的距離，這種法則在管理中極為有效。

親密有間，有效降低工作風險

法國的總統戴高樂有一句座右銘：「保持一定的距離！」他對「刺蝟法則」的運用十分巧妙。在他擔任總統的十多年時間裡，不論是他的秘書處、辦公廳還是私人參謀部等顧問和智囊機構，幾乎沒有哪個職位的工作者工作年限能夠超過兩年，這就是他制定的明確規定。

他認為，定期進行一些適度的調動，有時候往往要比保持固定的狀態更正常，因為這種模式就像部隊裡一樣，他們採用的就是一種流動形勢；還有一點，就是他不允許身邊永遠有離不開的人，可見，戴高樂是一個靠自己的思維和決斷來生存的領袖。

時刻做到保持適當的距離，不僅能夠進一步確保顧問和參謀的思維與決斷一直具有新鮮感並充滿朝氣，而且還能在很大程度上杜絕年久的顧問和參謀利用總統的名義進行營私舞弊。

戴高樂的做法非常值得人們深思和敬佩。因此，保持適當的距離還是非常重要的。

疏密有致，有效提高工作業績

很多人都知道奇異公司有著門戶開放的政策以及溫馨的企業文化，但是即便如此，前總裁也十分看重「刺蝟法則」，並

在工作過程中始終做到身體力行，包括對待中高層的管理者也是一樣，從來不會放鬆。

斯諾在平時的工作場合和待遇問題上，從不會吝嗇對下屬們的關愛。有一次，他們的一位工程師博涅特在領工資時發現少了30美元的加班報酬，他在第一時間向他的直接主管進行回饋，卻沒有得到及時的解決，於是博涅特便給斯諾寫信說了這件事情。之後，這個工程師就收到了公司補發給他的工資，同時，公司向他進行了道歉，並在《華爾街日報》上刊登了這個事件。

這樣看來，雖然是一件很小的事，但是足見該公司對員工的關愛程度。不過即使如此關愛公司員工，在工作之餘，斯諾並不會讓工作人員到自己的家裡來做客，更不會接受來自他們任何人的邀請。正是和員工保持了這種適度距離的管理，使得奇異公司的各項業務都發展得越來越好。

由此可見，領導者要搞好工作，首先應該與下屬保持親密關係，但一定要是一種「親密有間」的關係，因為這種不遠不近的關係，是最為恰當的合作關係。同時還要與下屬保持一定的心理距離，這樣既可以避免下屬的防備和緊張情緒，也可以減少下屬對自己的恭維、奉承、送禮、行賄等行為。而且這樣做既可以獲得下屬的尊重，又能保證在工作中不喪失原則。所以，一個優秀的領導者和管理者，一定要善於運用「刺蝟法則」，在工作中堅持「疏者密之，密者疏之，疏密有致」的原

則，與下屬保持恰當的距離，這樣才能確保有效管理，有利於各項工作順利開展。

最後通牒效應：
給對手設定最後期限

　　大家肯定都有過這樣的體驗，對於不需要馬上就完成的任務，總是習慣在最後期限快要來臨時，才肯全力以赴地去完成。這種現象反映出人們大多都具有一種拖拉的傾向。面對一項工作，我們總是會有這樣的想法：這個工作目前還沒有準備好，我需要稍後再去完成，或者是今天比較忙，等明天有空再去完成它。事實上，你會一直在準備而明天永遠都會很繁忙，所以某些工作就會這樣被一拖再拖。但是如果這項工作已經到了不能拖的情況下，例如條件不允許或是到了規定的時間，我們就會像充飽了電一般，工作效率將會達到驚人的程度，最後基本上也能完成任務，這種現象在心理學上就叫作「最後通牒效應」。

　　事實證明，透過「最後通牒效應」有利於大家提高工作效率，做個高效率的人。另外，也可以借助人們的拖沓心理，巧妙利用「最後通牒效應」，讓對方在倉促之下做出決定，從而達到有利於自己的結果。

設置最後期限,做個高效人士

教育家曾經做過這樣一個實驗:讓一個班的小學生閱讀一篇課文。實驗的第一階段,沒有規定時間,讓他們自由閱讀,結果全班平均用了8分鐘才閱讀完;第二階段,規定他們必須在5分鐘內讀完,結果他們用了不到5分鐘的時間就讀完了。這一實驗反映了「最後通牒效應」對人們的積極影響,也就是說這一效應有助於大家做個高效人士。

所以,在職場中,當接到上司交代的一項工作任務時,我們可以為自己設置一個時間合理的「最後通牒」,強迫自己在約定的時間內,分階段地按時完成任務。比如我們可以將手頭上所有的工作,按照輕重緩急依次分為四個類別,即重要且緊急、重要但不緊急、緊急但不重要、不緊急也不重要,然後參照這個順序,依次處理各種事情。這樣,我們在面對繁重的工作時,就可以從容不迫地將所有問題逐個擊破,不至於心生畏難情緒,或者因亂了陣腳而採取迴避拖沓的態度。

可見,要想成為一名高效率人士,可以在事前為自己制訂合理的目標,設置嚴格的最後期限,借助「最後通牒效應」,以確保自己能夠按時完成任務。

巧用最後期限贏得談判勝利

生活中,如果沒有了最後期限的限制,人們很容易就會犯

拖延症。而事實證明，一味地拖沓不但不能解決問題，反而會帶來一些負面效應。所以，我們可以利用人們的拖沓心理，借機巧妙地為對手設置最後期限，以此來達到自己的目標。

美國的談判專家柯英曾和日本某企業進行過一次談判。兩位代表日本企業的職員在機場接到柯英以後，打算把他送到提前預訂好的旅館去，途中，一位日本職員以詢問他坐哪天的班機回去，他們好提前預訂汽車為他送行為由，巧妙地得知了柯英返程的具體時間，也正是柯英的疏忽，使他在後來的談判過程中陷入了一種被動的局面。

在前十天裡，日本方面每天盡情招待他到處參觀遊玩，而關於談判的重要內容卻隻字不提。直到最後一天，他們的談判才真正進入了主題，可是在他們談到最重要的問題時，來接柯英去機場的小轎車已經等在門口了。

於是，迫於無奈，談判只好在車裡進行，直到柯英臨上飛機的那一刻，才最終達成了談判的協議。可知，這次在匆忙之下所進行的談判結果，自是對美方非常不利，而對日本人來說，則大獲全勝。

心理學上認為，人們之所以拖拉，是因為來自內心的恐懼。而要想真正把這種恐懼去除，只能合理地借助「最後通牒效應」進行改變，只有這樣，才不至於使自己到最後關頭拚命地趕，結果完成不了或者影響做事的品質。

第十章

贏得財富：
人人都能掌握賺錢的思維

馬太效應：
窮人和富人的差距在思維上

馬太效應是一則出自《聖經》的寓言：古時候，有一位國王計畫去遠行，臨行前他將三錠銀子分別送給三個僕人，並要求他們用手中的銀子做生意。國王遠行歸來後，把三個僕人叫到身邊，詢問他們的收穫。第一個僕人說：「主人，我用一錠銀子賺了十錠。」國王十分高興，獎勵給他十座城池。第二個僕人說：「我賺了五錠銀子。」國王點了點頭，獎勵給他五座城池。第三個僕人惴惴不安地說：「您給我的一錠銀子，我害怕弄丟了，所以一直用絲綢包著，從沒有拿出來。」國王聽完搖了搖頭，遂命令將第三個僕人的銀子賞給第一個僕人，並且說：「凡有的，還要加倍給他，叫他綽綽有餘；沒有的，那就將他所有的全部奪過來。」這個故事的寓意清楚明瞭：讓富有的更富有，讓貧窮的更貧窮。

事實上，真正的富人，不只是擁有富人的金錢，更重要的是擁有成為富人的思維。在自我認知上，窮人很少去想怎樣賺

錢以及如何才能賺到錢。而富人，從內心深處便堅信自己一生下來就是富人而不是窮人，他們往往擁有很強烈的賺錢意識，會想盡一切辦法讓自己變得富有。所以，如果不在思維上進行轉變，窮人到哪裡都是窮人，富人不管到什麼境地最終都會變成富人。

窮人靠體力掙錢，富人靠腦力掙錢

有人說：窮人的閒，閒在思想，手腳卻在忙；而富人的閒，閒在身體，腦袋一刻也沒有閒著。有這樣一個寓言故事，很好地詮釋了這個道理。

從前，有個窮人在佛祖面前痛哭。他抱怨道：這個社會實在是不公平，為什麼富人可以優哉游哉地過日子，而窮人就只能天天吃苦受累？佛祖答道：「你覺得怎樣才算是公平呢？」「讓富人變得和我一樣窮，幹一樣的活才算公平。」窮人生氣地說。佛祖同意了，他把一個富人變成了和窮人一樣窮的人，並給了他們每人一座煤山，每天挖出來的煤可以拉到集市上賣掉，限期一個月內挖光。於是，窮人和富人一起開始挖。窮人習慣於做力氣活，很快就挖了一車煤，賣了錢以後，他用這些錢全買了好吃好喝的。富人從來沒幹過體力活，忙了一整天才勉強挖了一車，賣掉煤，他用換來的錢買了幾個饅頭，剩下的錢都存了起來。第二天天一亮，窮人又早早地起來開始挖煤。

富人卻沒有這樣做，他到集市上雇了兩個工人替他挖煤，自己則在一旁監督。僅僅一個上午的工夫，富人就指揮兩個人挖了幾車煤。富人把煤賣了，又雇了幾個挖煤的工人⋯⋯一個月過去了，窮人只挖了煤山的一角，每天換來的錢被他花得一乾二淨，一點剩餘都沒有。而富人指揮工人把煤山挖光了，賺了不少錢，他用這筆錢投資做起了生意，很快又成為富人。

所以說，窮人有窮人的思維方式，富人有富人的思維方式。而思維方式的不同，導致了他們現實生活上的不同。

窮人靠節省存錢，富人靠花錢賺錢

如果你很窮會想到怎麼做？大部分人會想到努力賺錢，減少開支能省則省，多存錢少開支。如果你也這樣想，那我告訴你，這種做法只會讓你在貧窮的泥沼裡越陷越深。

窮人是最怕負債的人，越沒錢越怕負債，越沒錢越不敢負債，越不負債越沒錢，越不負債越貧困。而富人是不怕負債的人，越有錢越願意負債，越有錢越敢負債，越負債越有錢，越負債越富有。窮人精打細算，辛辛苦苦存錢，算計的是借錢要還的利息。

但是富人很喜歡借錢，非常喜歡跟銀行借錢，一個人的富裕程度是和他的負債成正比，越有錢的人欠錢也越多。富人喜歡借錢是因為他們有信心賺回來十倍、百倍，他們更願意從銀

行借出更多錢流通，來為他們創造更多的財富。一定程度的負債，也會刺激他們賺錢，他們更願意不斷地提升自己的思維和認知水準，而不是靠存錢來推動事業。

窮人剛好相反，他們喜歡存錢，買什麼都喜歡全款，很多人花光父母辛辛苦苦一輩子的血汗錢。有的人即使貸款幾十萬元買房子，父母也會催著他們趕緊還銀行的錢，因為幾十萬元的利息不少。但是他們忘了，錢一直都是在貶值的，比如當年你買個房子每月500元的利息，在當時很貴了，而今天已經不值一提。富人更懂得讓錢流通，而不是存在手裡等著貶值。除非你已有數百萬在銀行，單靠利息也可過活，不然事實上存錢是不可能致富的。

窮人之所以窮，是因為他們總是想「我現在沒有錢，根本不可能賺到錢」。其實，這只是逃避和懦弱的表現。為什麼富人花錢總是花得特別過癮還痛快，因為他們知道能花就能賺；為什麼窮人花錢花得那麼惆悵和心痛，因為他們總覺得錢越花越少，要靠節省來存錢。可見，要賺錢就要有頭腦，就要多思考怎麼才能讓錢生錢，而不是把錢拿在手裡坐等貶值。所以，窮人要想變成富人，首先要改變自己的思維。

韋特萊法則：
在賺錢這件事上要敢想敢做

美國管理學家韋特萊曾經說過這樣一句話：「成功人士所從事的工作，是絕大多數人不願意去做的。」這便是著名的「韋特萊法則」，很多人也將其稱為「成功法則」，因為它揭示了成功者必須具備的兩項素質：不僅要敢想敢做，還要鼓足勇氣去做其他人不願去做的事。

「韋特萊法則」在我們的日常生活中又有哪些體現呢？如果我們仔細觀察，就不難發現，窮人與富人兩者最大的差別就體現在賺錢這件事上，窮人往往思想保守、不思進取，只想老老實實地賺辛苦錢；而富人卻敢想敢做，敢於做其他人不願去做的事情，所以更容易獲得成功，賺到大錢。

敢想敢做才能創造輝煌

許多人都聽說過這樣一句話：「思想有多遠，你就能走多遠。」

這句話的意思是說，先要敢想，才能敢做，敢想才有未來，敢做才能成功。人生就像是一座「夢工廠」，沒有大膽的想法，就不可能有卓越的作為，在賺錢這件事上尤其如此。

1999年，蔡崇信任職的Investor AB公司計畫參與阿里巴巴的增資，這是蔡崇信和馬雲的「第一次接觸」。沒想到，幾次交談下來，蔡崇信對阿里巴巴青睞有加，於是，他毅然決然地辭去了年薪580萬元的高級主管職位，參與到阿里巴巴的專案中來。

要知道，當時的阿里巴巴還只是一家「錢」景堪憂的網路公司。所以，能夠得到外資蔡崇信的青睞，馬雲一時間也顯得手足無措，還不太敢接受，直說只付得起人民幣500元的月薪，因為他不相信可以請得起「年薪幾百萬」的蔡崇信。另外，蔡崇信的決定也遭到了家人的強烈反對，但是他還是果斷而堅定地加入了這個尚在起步階段的團隊。

為了一個還在萌芽階段的事業，放棄百萬年薪，接受微薄的薪水，這在常人的眼裡是難以置信的事情，相信一般人都不願意付出這樣的代價。然而，蔡崇信還是義無反顧地做了，最終，他也取得了常人少有的成功：在2015年富比士華人富豪榜中，已成為阿里巴巴集團董事局執行副主席的蔡崇信以59億美元（376億元人民幣）身價名列第38位。

在常人看來，蔡崇信的做法似乎有些瘋狂和不理智，但事實證明，在賺錢這件事上，他的想法和做法都非常明智。如果

不是他敢想敢做，捨得當初的「小」錢，又怎麼會擁有後來的「大」錢呢？所以，面對賺錢的商機，不敢做決定，怕冒險、怕失敗、怕吃虧、怕上當，最後反而吃了更大的虧。有時候就是這樣，生活中的機遇可遇不可求，只要你敢想敢做，就有可能成功，如果你連想都不敢想，又何談去做，又怎麼可能取得成功呢？

要敢於做別人不願做的事

面對未知的機遇或挑戰時，通常多數人的做法是採取保守戰略，很少人會選擇去冒險。這也是為什麼只有少數人可以取得成功的很重要的一點。其實，多數人都想做的事，一定會競爭激烈，相對來講機會就會很少，而別人都不願意做的事，競爭者相對也較少，而成功的機會相對來說機率就會更高。同理，在賺錢這件事上，誰更願意做別人都不願意做的事，相對來說誰就更容易賺到錢。也正是明白了這一點，只有小學學歷的王永慶才能夠取得讓人刮目相看的成就。

王永慶在小學畢業後，便來到別人開的一家米店做學徒。沒過多久，王永慶就用從父親那裡借來的200元錢開了一家自己的米店。那時大米加工技術比較粗糙，因此出售的大米裡經常摻雜著沙粒、小石子等雜物，這在那時被認為是一件習以為常的事。但王永慶卻堅持在每次賣米前都把米中的雜物挑揀乾

淨。更重要的是，在當時其他米店都不提供上門服務的時候，王永慶不僅送米上門，而且還會詳細記錄下顧客的家庭人數、一個月的吃米量、發薪時間等。每當顧客的米快要吃完了，他就送米上門；等到顧客發工資的日子，他再上門收取米款。

值得一提的是，他給顧客送米並非把米送到顧客家就走。如果顧客家的米缸裡還有剩餘的陳米，他就把陳米倒出來，將米缸內部重新擦乾淨，然後再將新米倒進去，最後再把舊米倒在最上層，這樣做是為了不讓陳米因為放置過久而變質。正是由於王永慶這個小小的舉動，令顧客深受感動。從此以後，他的生意發展得越來越好，最終使他成為臺灣工業界的「龍頭老大」。

王永慶走上致富之路的關鍵，就在於願意做別人不願意做的事。其實，每個人的致富之路上都會充滿運氣和財氣，但只有利用自己的敏銳的頭腦充分挖掘蘊藏在生活中的運氣，把運氣變成財氣，才能夠獲得財富。

事實上，所謂的成功者，與其他人與眾不同的一點就在於，別人不願意去做的事，他勇敢地去做了，並且全身心地投入進去。而其他人所缺少的，就是成功者一往無前的敢想敢做的勇氣。而這一點與「韋特萊法則」所引申出來的含義不謀而合：先要敢想，才能敢做，只有敢想敢做，才能成就一番不同凡響的、屬於自己的事業，最終成為佼佼者，擁有令人豔羨的財富。

複利效應：
用現有的錢去賺更多的錢

複利，指的是與單利相對應的一種經濟概念。與單利的計算不同，複利的計算需要把利息併入本金中重複計息。恰恰就是因為利息這一點細微的差異，日積月累，就會產生你意想不到的結果。

如果你手裡有1萬元，每年的投資收益率是25%。如果按照單利來計算，3年後，你可以賺到7500元。但是，如果你把每年賺到的錢用於再投資，那麼3年後你就可以賺到9531元錢。而這多賺的2000多元，就是你在這3年裡用錢「生」出來的錢。

僅從3年時間來看，複利與單利相比差額並不太大。可時間一長，兩者之間的差異就會凸顯出來。30年後，如果是複利，最初的那1萬元就會變成800多萬元；而用單利計算的話，就只有8萬多元。可見，所謂的複利，就是隨著時間的推移，本金呈指數形式增長，而利率越高，本金翻倍的速度越

快。所以，如果能讓複利的車輪轉起來，錢就可以自動生錢。所以，在經濟情況許可的情況下，投資的時間價值會給你的資本帶來增值，而這種價值的增長是相當輕鬆和聰明的，它可以讓你用現有的錢賺到更多的錢。

借助複利效應實現財富滾雪球

說起複利效應，很難繞過股神巴菲特的傳奇經歷。1941年，11歲的巴菲特看到了一本《賺1000美元的1000招》的書。這本書告訴他，如果以1000美元起家，每年按照10%增長的話，5年內會變成1600多美元，10年會變成2600美元，25年內將超過10800美元。就像雪球滾過雪道而逐漸變大的道理一樣，這是巴菲特第一次與複利親密接觸，並深受啟發。

其實，大家常說的理財，也是經過時間的累積，讓錢生錢，確保財富的保值增值，從而保障未來更有品質的生活。那麼，為什麼會產生複利效應呢？其實原因很簡單，就是因為複利是把利息部分也合併到本金裡以後再進行投資的。

假設某先生有1萬元，他打算拿這筆錢做長期投資。如果按照年收益率5%進行計算的話，每年他把利息部分和本金部分一起繼續投資，那麼他的收益將是這樣的：在第15年的時候，該先生的1萬元就會翻2倍，變成2萬元；第30年的時候，1萬元就會變成4.3萬元，也就是翻了4倍多。

相信很多人的錢比這位先生多得多,那麼只要能夠保證5%的年收益率,就可以在第30年的時候輕鬆得到翻4倍的本金＋收益。

顯然,股神巴菲特早就參透了複利效應的真諦,他曾經用這樣一句話來總結自己的成功經驗:「人生就像是滾雪球,關鍵是要找尋到很濕的雪和很長的坡。」其實巴菲特是用滾雪球比喻經過複利的長期作用實現巨大財富的累積;雪很濕,比喻年收益率很高;坡很長,比喻複利增值的時間很長。可見,股神巴菲特的資產雪球之所以能夠越滾越大,是因為他有足夠的本金,本金越大,複利的威力就越大,收益也越大,同時也因為他找到了10%以上的年收益率的投資管道,另外再加上充裕的時間和足夠的耐心,從而讓複利的車輪越轉越快,實現財富的飛快增長。

及早投資,用現有的錢賺更多的錢

世界上的錢有很多種類型:勤快的錢、懶惰的錢、呆滯不動的傻錢、能夠快速增值的聰明錢⋯⋯勤快的錢能夠為你累積財富,懶惰的錢只會讓你丟掉老本;呆滯不動的傻錢沒有任何用處,而聰明的錢最受人歡迎。那麼,什麼樣的錢才算是聰明的錢呢?毫無疑問,錢生錢才是最聰明的賺錢之道。

有一次,洛克菲勒請一對兄弟為他的公司修建倉庫。倉庫

修好後，這對兄弟去領工資，洛克菲勒對他們講：「你們想不想讓錢替你們工作？如果你們手中有了錢，一定會很快花光，與其這樣，倒不如把它換成我們公司的股票，你們覺得怎麼樣？」

哥哥當場表示同意。但是，弟弟卻堅持要領現款。

沒過多久，弟弟就花光了所有的錢，而哥哥的股票不斷上漲，賺了很多錢，哥哥又將賺到的錢作為本金，繼續買入公司的股票。結果，洛克菲勒的公司不停地賺錢，哥哥的財富也在不停地增長。

哥哥是比較有先見之明的，用現有的錢選擇了投資，最終依靠複利效應讓「錢生錢」，最後毫不費力地就賺到了更多的錢。

需要注意的是，只有當時間和複利共同發揮作用的時候，才能發揮最大的威力，也就是說投資的先後影響賺錢的多少。所以，當你知道了複利這回事兒的時候，不要忽略時間，及早投資，能夠幫你取得更加客觀的收益。

試想一下：甲和乙兩個人，甲從24歲開始每年固定投資1萬元，直到60歲，每年按照10%的複利增長。乙從34歲開始投資，為了彌補比甲少投資的10年，他決定每年存2萬元，按照10%的複利計算到60歲。那麼，最後誰賺的錢更多呢？毫無疑問，一定是從24歲開始投資的甲。

可見，只有盡早開始投資，才能夠讓金錢快速地增長。其

實，投資理財並沒有那麼難，就是要量入為出，盡快地累積起投資的資本，然後盡可能地早做投資，哪怕是有限的收益率，假以時日，同樣能夠賺到更多的錢。

複利，是一個被愛因斯坦稱為世界第八大奇蹟的東西，他的威力是每個人都嚮往的，尤其是透過投資，借助複利來實現利滾利、錢生錢。俗話說：人有兩隻腳，錢有四隻腳，錢追錢比人追錢要快得多。其實，有時候理財就像是在精心耕作，重要的是你能夠在恰當的時間選擇最高效的投資方式。所以，從現在開始，請珍惜自己的每一塊錢，將其視為一粒金錢種子，然後把金錢種子精心播種在你所選擇的適宜的土壤裡，相信過不了多久，借助複利效應，你將會收穫一座美麗的財富花園。

二八定律：
只做收益最大的事情

在社會上，既有富人，也有窮人。富人占少數，窮人占多數。他們兩者的比例一般是20：80。即使在某些特定時期社會上出現財富均衡，但最終也會向這一比例靠攏。這種現象被稱為「二八定律」。

二八定律，是義大利經濟學家帕雷托發現的，所以又稱為帕雷托定律。1897年，義大利的一位經濟學者在研究19世紀英國人的財富和收益狀況時，發現英國大多數的社會財富最終都流向了少數人手裡。同時，該學者還從較早的歷史資料中發現，在其他國家，這種奇妙的關係一再出現，而且在數學上表現為一種穩定的關係。於是，帕雷托透過對大量具體事實的研究，終於發現：社會上20%的人占有著80%的社會財富。他又將這個結論類推到其他事物：在任何一組東西中，最重要的部分只占整體的一小部分，約占20%，其餘80%雖然是多數，卻是次要的部分，即重要因素占20%，不重要因素占80%，

20%的重要因素對全局起決定性的作用。

抓好20%的關鍵就能掌控全局

如果我們深刻地理解二八定律，就能夠知道企業中20%的產品會創造80%的利潤，那麼針對這20%的產品，我們就要投入80%的資源。進一步思考，就會知道一個公司20%的人起著80%的作用，針對這部分族群也要消耗80%的精力與資源進行整合。這樣我們就能用最優質的資源抓住少量的關鍵因素，從而掌控全局。

一組世界各國銀行結構的對比資料，能夠很清晰地印證二八定律：在任何一家銀行的存款總額中，有80%的存款源於20%的大儲戶，而其他80%的儲戶只能提供吸儲總額的20%。

投資同樣如此，80%的投資利潤來自20%的交易數，其餘80%的交易數卻只能帶來20%的投資利潤。所以，投資者需要將80%的資金和精力投入最關鍵的20%的投資與交易上。

所以，二八定律告訴我們，不要平均地分析和處理問題，要學會抓住關鍵的少數；要找出那些能夠給企業帶來80%利潤，總量卻僅占20%的關鍵客戶，透過加強服務以達到事半功倍的效果，從而穩定整個企業的全局。

以最小投入獲得最大收益

巴菲特管理的波克夏公司股票投資規模有1300億美元，也就是超過8500億人民幣。他總共持有49檔股票，而前10大重倉股的倉位比例就已經占據了84%。可見，在這49支持股中，前10大股票占20%，倉位比例84%，完全符合二八定律。這就是投資二八定律，

這也是巴菲特投資成功的關鍵：少數股票占大部分倉位，集中投資，少就是多，換句話說就是，巴菲特只做收益最大的事情。

有人可能會好奇巴菲特是怎麼從美國7000多家公司裡找到自己投資的那49家公司。其實，他主要用了三步：先從7000家公司裡找到20%業績持續增長的優秀公司，共有1400家；然後從1400家公司裡找到20%高素質高能力企業經理人，共有280家；最後從280家公司裡找到20%股票相對合理或者低估的股票，共有56家。那些具有高增長的企業，又有好的企業管理人，股票價格相對還比較合理的，從7000多家減少到56家，再從56家中找到最最看好的20%的公司股票投入80%的資金，這樣就能驗證我們上面提到的那組資料。

股神確實投資有道，但是這種智慧在公司的項目投資上也能收到豐厚的回報。比如在一家公司裡，最賺錢的項目是A項目，這個項目可以給你賺20萬元，如果再投入一倍的精力在

這個項目上，有可能給你賺40萬元。因此，可以加大對A項目的投入。至於最不賺錢的B項目和C項目，你可以砍掉這兩個項目，不要讓它們牽扯你寶貴的時間、精力和金錢，或者把這兩個項目轉手給別人，你占少量股份就行。在這種情況下，雖然你總的投入時間沒有增加，但賺的錢卻翻了幾倍，而你做的也只是運用二八定律，對其進行深入思考後堅定地執行而已。

生活中，不難發現這樣的現象：兩個人同樣是每天投入8個小時，但是產出的成果卻不一樣。比如員工工作8小時獲得的報酬是200元，而老闆工作8小時獲得的報酬可能就是2萬元。所以我們說，社會上有兩種人：第一種人占了總數的80％，卻只擁有20％的社會財富；第二種人只占總數的20％，卻掌控著80％的社會財富。造成這種現象的原因在於，第一種人總希望老闆能多給他們一點錢，而將自己的一生租給第二種20％的人；第二種人則完全不同，他們一邊做好手頭的工作，一邊在不停地觀察和思考著這個瞬息萬變的世界，他們懂得什麼時間應該做什麼事，於是第一種人總在替他們打工。老實講，沒有人想成為一個一事無成的人，每個人都希望自己能夠成為那令人羨慕的第二種人。所以，我們要充分利用二八定律，抓住對自己最有利的20％的關鍵資源，創造80％的利潤，這樣才能以四兩撥千斤的優勢，利用最小的投入贏得最大的回報。

沃爾森法則：
想要賺錢，就要對資訊保持敏感

在市場競爭中，人們經常會提起「沃爾森法則」。這一法則的含義就是：將資訊和情報放在首位，金錢就會源源不斷地進入你的口袋。

很多成功的企業家對沃爾森法則，可謂深有感觸，畢竟想要在這個瞬息萬變的市場環境中立於不敗之地，快速又精準地獲取各種資訊可謂至關重要。在獲取到這些關鍵資訊以後，果斷地採取行動，才能出其不意，擊敗競爭對手。例如，日本「尿布大王」多博川在一份人口普查報告中偶然獲悉，日本每年有250萬嬰兒出生，敏銳的他立即發現了尿布生產這個巨大的行業商機，於是他果斷轉變了企業的發展方向，立即投產被當時大企業不屑一顧的嬰幼兒尿布，最終大獲成功。由此可見，快速地獲取關鍵資訊是多麼重要，而後多博川根據掌握到的資訊迅速做出決策，採取相應的對策應對市場的需求，同樣是其取得成功不可或缺的重要因素。

誠然，在這個資訊膨脹的時代，只要誰搶占了市場的先機，那麼誰就擁有優先獲得利益的權利。也就是說：你能得到多少利益，往往取決於你能知道多少資訊。所以，想要賺錢，首先就要對資訊保持足夠的敏感。

以快打慢，搶占先機

對商家來說，資訊是最重要的資源，誰掌握的資訊又多又準確，誰就有了制勝的先機。上海錶能夠一枝獨秀就得益於此。

1988年的一個春季，在山東省濟南市召開了一次全國鐘錶訂貨會，會上各大鐘錶商家雲集，各類鐘錶琳琅滿目。可是，讓人意想不到的是在訂貨會剛開始的兩天時間裡，很多商家的做法都是只看貨問價，卻不出手下訂單。然而，在第三天的一大早，上海錶廠的負責人突然宣佈所有上海錶降價30%以上，有的品類甚至降到了50%，這一舉措引起了商家們的狂熱追捧，訂單也紛至沓來。而其他各鐘錶廠的負責人對此突發狀況卻顯得手足無措，又是開會研究應對之策，又是打電話或者以報告形式向上級主管請示。結果，這一來二去耗費了不少時間，等到最終決定降價的時候已經過去好幾天了，而此時，上海錶廠早把訂單做得差不多了。

正是因為獲取了訂貨商只看不買的游移態度這一重要資

訊，上海錶廠馬上想出了以降價來應對的策略，並快速付諸行動，最終以快打慢，搶占市場先機，實現了在鐘錶訂貨會上一枝獨秀的局面。「天下武功，唯快不破」，商場亦是如此。上海錶廠的成功就在於能夠快速及時地抓住機會，並加以巧妙運用，最終實現成功。可見，只有把握住每一次機會，才能讓幸運之神始終圍繞在自己身邊。而其他商家在市場發生變化、面臨新的商機時，他們要麼反應遲鈍，缺乏對資訊的敏感度，因此錯失良機；要麼墨守成規，因循守舊，最終只得把賺錢的機會拱手讓人。

知己知彼，百戰不殆

在與競爭對手激烈交鋒的過程中，情報資訊至關重要。《孫子兵法》裡說：「知己知彼，百戰不殆。」具體來說，如果自己身處優勢地位，要懂得如何做才能壓制住對手，如果自己身處劣勢地位，要學會看清對手的發展動向，這些都需要最準確的資訊才能幫助自己採取應對措施，鎖定勝局。歷史上，很多優秀的企業之所以能取得成功，關鍵在於自身對競爭對手的全面瞭解，以及針對其弱點所進行的戰術突破的策略。精工舍鐘錶公司的成功就充分驗證了這一點。

在1960年代以前，瑞士名錶行歐米茄公司獨攬了歷屆奧運會的計時器供應權。但是，在1960年的時候，國際奧會宣

佈將1964年奧運會的主辦權交給日本。日本精工舍鐘錶公司敏銳地捕捉到了這一關鍵資訊，他們認為這是一次對歐米茄公司發動商業進攻的絕佳機會，於是做了充分的準備，以便借機對其發動挑戰。

為了全面深入地瞭解對手，精工舍花費重金組建了一支具有高素質的「間諜」隊伍，並責成這支團隊對歐米茄公司生產的計時器進行仔細的偵察。結果，他們發現歐米茄公司的計時器都屬於機械錶，而機械錶在計時的過程中容易產生較大的誤差。所以，想要戰勝歐米茄，就必須減少計時器的誤差。於是，精工舍迅速組織了大批研發人員，力圖研發出一款誤差更小的計時器。

沒過多久，一款具有高精準度的計時器被研發出來了——951 II石英表。951 II石英錶每天的運行誤差僅為0.2秒，而歐米茄的計時器誤差則在30秒以上；另外，與當時體型普遍比較笨重的計時器相比，951 II石英表的質量只有3千克，顯得十分輕巧。所以，不管在計時誤差上，還是在體積大小上，951 II石英表都有著無與倫比的優勢。也正是這些優勢，贏得了國際奧會官員的一致認同，國際奧會的官員經過一番商議，果斷做出決定：將1964年奧運會的計時器供應權交給精工舍公司。在這場日本精工舍對瑞士歐米茄公司關於計時器的競爭上，精工舍大獲全勝。

可見，在市場競爭中，商家要及時獲取關鍵資訊，做到知

己知彼。只有全面分析對方，發現對方的弱點，才能找到應對之策，在競爭中取勝。

　　縱觀那些成功的企業，你會發現他們的共同點就是絕不打無準備之仗，因為他們深知只有在事前對各種資訊進行瞭解與分析，才能制定相應的對策。只有企業準確快速地獲悉各種情報資訊，並保持足夠的敏感度，而且在獲得了這些情報資訊後能夠果敢迅速地採取行動，及時調整產品戰略，以防止產品需求的減少而帶來的損失，才能鎖定勝局。所以，你能得到多少，往往取決於你能知道多少；重視資訊和情報，讓它們為你的決策起到引領的作用；同時篩選出有價值的資訊源，讓它隨時為你服務，你就能處於不敗之地。

第十一章

完美人生：
與這個世界友好相處

共生效應：
你對別人好，也是對自己好

心理學家研究發現，自然界中存在著這樣一種現象：若一棵植株單獨生長在空曠的環境裡，植株往往顯得矮小，生長得十分緩慢；若將其與其他同類植株栽種在一起時，這棵植株的長勢則十分迅速，沒過多久就會根深葉茂。同類植株之間這種相互影響、相互促進的現象，被心理學家稱為「共生效應」。共生效應最大的特徵，即共生系統中的任何一個成員都因這個系統而獲得比單獨生存更多的利益，或稱為「1＋1＞2」的共生效益。

物以類聚，就充分體現了這個道理。生活中，那些具有相同特質而自發形成的群體中，個體之間會相互學習、相互促進，從而形成一種良性的能量傳遞循環，以便個體成長得更快。比如我們練習英語口語的時候，如果只是自己一個人練習，效果一般都不會盡如人意；但是如果是兩個人一起練習，或者加入英語社團和很多人一起練，不僅可以取人之長補己之

短,還能在幫助別人的同時使自己得到提升和完善,做到共同進步。這就是「共生效應」在充分發揮作用。

和諧相處,你好我也好

其實,「共生效應」不只存在於植物之間,也存在於動物之間,比如小丑魚和海葵、鱷魚和牙籤鳥(埃及鴴)等等。

有一種顏色鮮豔的雙鋸魚類,因其身上長有一條或兩條白色條紋,所以被人們稱為「小丑魚」。這種小丑魚因為豔麗的體色,時常會給自己惹來殺身之禍。而海葵屬於無脊椎動物中的腔腸動物,所以牠常常會因行動緩慢,難以取食,而經常餓肚子。但是海葵的觸手中含有有毒的刺細胞,這使得很多海洋動物都難以接近牠。因此,長久以來,小丑魚與海葵彼此間達成這樣一個共識:小丑魚憑藉著海葵的保護,可以免受其他大魚的襲擊;小丑魚可以吃海葵吃剩的食物;小丑魚能在海葵的觸手叢裡築巢、產卵。而對海葵來說,小丑魚在身邊自由活動,增加了其他魚類靠近海葵的機會,海葵得以更加順利地捕食;小丑魚亦幫助海葵除去其壞死的組織及寄生蟲;小丑魚的游動還可減少殘屑沉澱至海葵叢中。

鱷魚和牙籤鳥的故事也是一種「共生效應」。從前在美麗的湖邊住著一條鱷魚,因為牠有一張超級無敵大的嘴以及兩排鋒利的牙齒,長相十分凶惡,所以沒有小動物願意和牠一起玩

耍。有一天，鱷魚在吃完午飯後，有一塊肉塞在牙縫裡十分難受，但是憑藉自己的小短手又摳不著。於是，牠著急地四處找小動物幫忙，但是牠們都不願意。這時飛來一隻小鳥說：「我來幫你吧。」只見鱷魚乖乖地張開嘴巴，小鳥飛進牠的嘴裡，將塞在牠牙縫裡的肉塊兒一點一點地啄食乾淨。從此鱷魚和小鳥就成了一對好朋友，每次鱷魚都會找小鳥來幫忙剔牙，後來人們把這種鳥就叫作「牙籤鳥」。

可見，在小丑魚和海葵，以及鱷魚和牙籤鳥之間，互相幫助、互惠互利的和諧相處中，真正實現了「共生」，對彼此都有好處，二者各獲其利。

與優秀的人「共生」實現雙贏

「如果你不夠優秀，那就跟優秀的人做朋友。」猶太經典《塔木德》裡有這樣一句名言：和狼生活在一起，你只能學會嗥叫；和優秀的人做朋友，你能受到良好的影響。經常與優秀的人交往，他們能讓你變得更加優秀。如果你已經足夠優秀了，那麼你應該去尋找和你同樣優秀的人，你們會產生「共生效應」，取得非凡的成就。比爾・蓋茲與保羅・艾倫共同創立微軟公司就是絕佳的例證。

1968年，比爾・蓋茲與保羅・艾倫在湖濱中學相遇，前者敬佩後者的學識，後者驚歎於前者高超的電腦能力。就這

樣,兩人一拍即合,不僅成了生活上的好朋友,而且成了工作上的好夥伴,兩人決定共同創業,並且分工明確。蓋茲主要負責商業營運,他負責律師、銷售員、業務談判員及總裁等職;而艾倫對技術情有獨鍾,他致力於微軟新技術的研發和新理念的創新。在創業的道路上,兩人配合默契、互相影響,形成了一種「共生效應」的良性互動,終於讓微軟掀起了一場改變世界的科技革命。

人們經常說,沒有蓋茲,就沒有微軟,但是,如果沒有艾倫的通力配合,比爾・蓋茲一個人就能取得微軟今天的輝煌成就嗎?恐怕會很難。比爾・蓋茲曾經講過這樣一句話:「你結交什麼樣的朋友,就決定你有什麼樣的命運。」換言之,你結交的人決定了你的未來。與優秀的人「共生」,被優秀的人影響,才能實現雙贏。所以,請務必與優秀的人做朋友,盡可能加入優秀者的團隊,讓自己在良好的氛圍中獲得成長。從他們的經歷中,你既可以學到成功的經驗,也可以吸取失敗的教訓,這會使你變得更加優秀。

「共生」,本質上和「互利」是聯繫在一起的,無論是在植物界、動物界,還是在人類社會中,都詮釋著這樣一條真理:唯有互利才能共生。愛默生言:「人生最美麗的補償之一,就是人們真誠地幫助了別人之後,同時也幫助了自己。」所以,我們不妨與這個世界和諧相處,實現「共生共存」,因為很多時候你善待他人,其實就是善待自己。

讚美效應：
讓人覺得美好的力量

當我們讚美一個人時，被讚美的人在心理上會產生一種「行為塑造」，這種塑造會不斷激勵這個人朝著好的方向發展，最終使他真正具備人們口中所說的某些優點。正是在這種自我塑造的過程中，使每個人都能產生一種不斷前行的力量。這就是心理學上所謂的「讚美效應」。

心理學家威廉・詹姆斯曾說過：「人類本質中最殷切的要求，就是渴望被肯定。」毫無疑問，這種肯定就是來自讚美。當一個人聽到別人對自己長處的真誠讚美時，就會感到十分愉快，從而讓自己鼓起奮進的勇氣。即使他現在還不完美，但是只要你給他充分的、恰如其分的讚美，那麼在不久的將來，你就會驚喜地發現，他已經成為你想讓他成為的那類人了。

相信每當你聽到別人讚揚自己的優點，都會有一種很美好的感覺，都會感覺自身價值得到了肯定。所以，被讚美、欽佩、尊重，是人類的本性所需，這如同食物和空氣一樣對我們

來說至關重要。可見,讚美對任何人來說都是必不可少的。因為它能夠給人帶來一種美好的力量,使人做到盡善盡美。

讚美是一項藝術

讚美是什麼?讚美是一項說話的藝術,一句話能把人說笑,也能把人說惱,正確運用這門藝術對我們至關重要,它是我們為人處世必須要明白的一個道理。拉羅什福科說過:「讚揚是一種精明、巧妙的奉承,它從不同的方面滿足給予讚揚和得到讚揚的人們。」也就是說,我們在讚美他人之際,也是在對自己進行著激勵。所以,生活中,我們要善於運用讚美這項藝術,因為哪怕是一句平平常常的話,有時也會產生意想不到的效果。

有這樣一個小故事:甲乙兩個獵人,每人獵得了兩隻兔子,各自回家。甲的妻子看見後,冷漠地說:「你一天只打到兩隻小野兔,真沒用!」甲獵人聽後不太高興,不由得在心裡埋怨起來,你以為打獵是很容易的嗎?於是第二天他故意空手而歸,目的就是讓妻子知道打獵並不是一件那麼容易的事情。乙獵人呢?他的妻子看到他帶回的兩隻兔子,高興得不得了:「你一天打了兩隻野兔,真是了不起!」乙獵人聽到這話滿心歡喜,心想區區兩隻野兔算什麼,結果第二天他打了四隻野兔回來。

不同的兩句話竟產生了截然相反的結果。可見，讚美是一項藝術，也需要技巧。要知道，人的根本天性就是喜歡自己主動地做一些事情，而不是被動地去執行，而要想收到一個好的結果，就需要你真誠地給予讚美。因為讚美能夠讓他人從我們這裡滿足自我的心理需求。如此一來，一個人的內心感覺美好了，世界也就變得美好了。

讚美是一種激勵

心理學認為，人的行為受到動機的支配，而動機隨著人的心理需求而產生。一旦人渴望得到肯定的心理得到了滿足，就會變得愈加積極向上。比如在訓練運動員的過程中，如果教練能夠適時地對運動員所取得的訓練成績加以肯定，就可以促使運動員完成訓練，尤其是一直無法完成的某一高難度動作或姿勢。

心理學家曾經做過這樣一個實驗，他把參與測試者分成4個組，在4個不同誘因引導的環境下分別完成同樣的任務。第一組為激勵組，每次任務完成後對測試者進行鼓勵和表揚；第二組為受訓組，每次任務完成後對其存在的一丁點問題都要嚴加批評和訓斥；第三組為被忽視組，每次任務完成後不給予任何評價，只讓測試者靜靜地聽前兩組受表揚和挨批評；第四組為控制組，讓他們與前三組隔離，而且每次任務完成後也不給

予任何評價。

實驗結果顯示，前三組的工作成績都比控制組優秀，激勵組與受訓組明顯比被忽視組優秀，而激勵組的成績遠超受訓組，且成績不斷上升。這個實驗表明：及時對工作成果給予評價，能夠促進工作更優質地完成。表揚的效果要優於批評，而批評的效果比不給予評價要好。

「榮譽和成就感是人的高層次需求。」我們每個人都有自己的特長，當一個人在他所擅長的領域取得某些成就時，就渴望得到人們的讚美。如果你能以真誠的態度讚美一個人，滿足一個人的心理需求，那麼任何一個人都會變得通情達理，願意與你合作。

有時，一句讚美的話勝過一劑良藥。真誠的讚美不僅來自心靈的感應，更是一種拯救。釋迦牟尼曾說過：「讚美他人與微笑迎人，是天下成本最低的佈施，何樂不為？」所以，生活中，我們要學會讚美，學會以欣賞的目光看待他人，挖掘他人身上的閃光點，然後毫不吝嗇地貢獻出自己的讚美之言，因為這樣會讓我們打開心胸，從而看到更美麗、更和諧的世界，收穫更加美好的人生。

雷鮑夫法則：
尊重對方，態度謙和

　　美國管理學家雷鮑夫透過多年研究與實際經驗，總結出八條「交流溝通法則」：最重要的8個字：我承認我犯過錯誤；最重要的7個字：你幹了一件好事；最重要的6個字：你的看法如何；最重要的5個字：我們一起做；最重要的4個字；不妨試試；最重要的3個字：謝謝你；最重要的2個字：我們；最重要的1個字；您。因其準確性、實用性極高，被人們推崇為「雷鮑夫法則」。

　　從該法則中禮貌性的語言不難看出，其核心思想就是「尊重對方，態度謙和」。不得不說，這項言簡意賅的「雷鮑夫法則」，從語言交往的角度揭示了建立合作與信任的規律。所以，在我們著手建立合作與信任的時候，應該將這一法則自覺而靈活地運用到日常交流與溝通之中，相信一定會收到事半功倍的效果。

尊重對方，承認自己也犯過錯

每個人都渴求得到別人的尊重，而尊重別人的底線是不傷害別人，不論這種傷害是惡意還是善意。比如在人際溝通和交往中，為了幫助別人認識到自己的錯誤並改正錯誤，有時候不得不對其提出批評。雖然這是善意的批評，但是也要注意方式。最好的方法就是在批評對方之前，首先反思一下自己，反思自己是否也犯過類似的錯誤，這樣既能夠表示出對對方足夠的尊重，而且能讓對方更容易改正錯誤。

一個人只要承認自己犯過錯，就能幫助他人改正錯誤。美國馬里蘭州的克勞倫斯・周哈辛深刻地明白這個道理。所以他在處理兒子抽菸這件事情上，對其表現出了足夠的尊重以及較高的智慧。

一次偶然的機會，周哈辛發現自己15歲的兒子居然在學抽菸，但他並不想讓兒子抽菸。「老實講，我並不願意讓大衛學抽菸。但是我和妻子都有菸癮，所以我們沒有充足的理由說服大衛……」周哈辛無奈地表示，「但是，我並沒有警告大衛不許抽菸，也沒有嚇唬他說抽菸會對身體造成多麼大的危害。我只是給他講了一個故事，一個我如何沾染上菸癮的故事，我告訴大衛，剛開始的時候我也和他一樣覺得抽菸很有趣，但最終我染上了菸癮，也危害了自己的健康。大衛聽完沉思了片

刻,告訴我他今後再也不抽菸了。事實證明,直到現在,他都沒有再抽過菸。」

假如這位父親像其他大多數父親一樣,發現兒子抽菸,便極盡恐嚇之能事加以勸阻,我想作為當事人的兒子會很難接受,畢竟父母都沒起到良好的帶頭作用,所以,勢必會激起他的反駁。其實,如果大多數父母能夠像克勞倫斯·周哈辛一樣,在批評孩子之前先反思一下自身,指出自己在同樣一件事情上所犯過的錯誤,那麼孩子就會認真地考慮你所說的話,並且能夠很容易地改正自己的錯誤。

態度謙和,事情更容易解決

日常工作和生活中,我們應該採取柔和平緩而非簡單粗暴的態度,來與他人交談或交代任務。常言道:「滿招損,謙受益。」所以說,懂得謙和,是立身處世的一筆財富。而要做到謙和,並不需要驚人的異舉,一言一行、一舉一動就是對態度謙和最好的詮釋。小時候常聽「六尺巷」的典故,但那時年幼,尚不知能夠寫出這種句子的人究竟懷有多大的胸襟與謙德。而後伴隨著成長,越發懂得在人與人之間的溝通與相處中,謙和有禮的重要性。

記得為了求證楊歐文先生的為人,有人曾訪問過一位跟楊歐文先生同在一間辦公室工作三年的人。據那個人講述,在這

長達三年的時間裡，他從沒有聽到楊歐文向任何一個人說出一句直接命令的話。對待下屬，楊歐文先生的態度非常謙和，其措辭也始終是建議和請求。例如，楊歐文從來沒有對下屬發表過強硬的言辭，他平時對人說的話通常是「你認為這樣做如何呢？」，或者是「你不妨考慮一下」。當他草擬完一份文件後，會這樣問助理：「你認為還有哪些需要改善的地方嗎？」當他看完助理寫的回執信後，他會說：「也許我們這樣措辭，會更妥當些。」由此可見，在日常溝通和交流中，楊歐文先生總是那麼善於運用自己謙和的態度，而不是用強硬的口氣命令對方，所以他贏得了很好的人緣和口碑。

生活中，我們要學習楊歐文先生運用謙和的態度來處理問題，這樣不僅能夠帶給對方平易近人的感覺，激發對方發揮主動性，從而優化、完善其工作內容，而且容易與對方展開真誠的合作，不會使對方產生任何反感或抗拒的情緒。所以，謙和的態度，遠比命令式的蠻橫口氣更容易使事情得到解決。

應該說，大多數人都喜歡態度謙和的人，你謙和地對待別人，別人自然也會以謙和的態度對待你。一個謙和有禮的人，不會因為他人的修養不足而遷怒於人，而是能夠始終保持著彬彬有禮的態度，對周圍的人充滿尊重和敬意。這樣崇尚禮儀的人，別人總是能不由自主地對他產生仰慕之情，故禮尚往來，用更有禮的德行來回報他。而不能克己守禮的人呢？矛盾產生的嫌隙會越來越大，以致造成無法挽回的缺憾。所以，不妨做

一個態度謙和有禮的人，多一些溫和，少一點戾氣，彼此尊重，給世界增添一分美好。

換位思考定律：
關係緊張時，多體諒對方

站在對方的角度看待事情，從對方的立場出發思考問題。換位思考不但能幫助我們設身處地地理解對方，還能夠給對方帶來極大的好感，讓對方感到自己被尊重，從而願意與自己交流和溝通。這就是「換位思考定律」。

生活中，我們做許多事之前都應該先換位思考一番，這是人與人之間交往的基礎。唯有換位思考，我們才能產生同理心，才能找到對方的需求，進而使事情解決得更加圓滿、社會因此變得更加和諧而美好。

換位思考，理解方能感恩

將心比心，以心換心，是達成理解不可缺少的部分。它既是一種寬容和理解，也是一種體貼和關愛。在遇到不順心事的時候，不要去埋怨，不要去指責，換個角度，換個思路，你會

發現世界大不一樣。

有一次，有人請一個盲人朋友吃飯，吃得很晚，盲人朋友說很晚了，準備要回去了，主人就給他點了一個燈籠，結果盲人很生氣，忍不住氣沖沖地對這家主人說：「我本來就看不見，你還給我一個燈籠，這不是故意嘲笑我嗎？」主人聽後，和顏悅色地解釋說：「我不是要嘲笑你，是因為我在乎你，所以才給你點個燈籠。因為你看不見，但是別人看得見，這樣你走在黑夜裡就不用擔心別人會撞到你了。」盲人聽後非常感動，對朋友的舉動滿懷感恩之情。

從不同的角度看，就會有不同的見解，理解不同，結果就會不一樣，所以，我們應該學會換位思考。在日常生活中，我們都有被「冒犯」的時候，如果我們能夠站在對方的立場上換位思考，深入體察對方的內心世界，相信一定可以達成諒解，甚至生出一絲感動。

有一次我聽父親講，他去商店，走在前面的年輕女士懷中抱著孩子，卻執意推開沉重的大門，一直等到他進去後才鬆手。當時，父親還心想：「我應該還沒有老到推不開門的地步，那位女士的做法完全沒有必要。」但是父親還是禮貌性地向她道謝，女士卻說：「我爸爸和您的年紀差不多，我只是希望他到這種時候，也有人為他開門。」父親說，他聽了女士的話，突然就理解了她的做法，而且很感動。事後，父親感慨道：「如果每個人都能像那位女士一樣換位思考，那這個世界

將多麼美好。」

換位思考，體諒才能更和諧

　　一位心理學家說：人與人之間的爭吵，完全可以避免，關鍵就在於學會換位思考，即站在對方的角度考慮問題。在我們日常的工作和生活中，經常會遇到意見不統一乃至對立的局面，此時矛盾的雙方如果能本著換位思考的原則來解決問題，多站在對方的立場上思考問題，矛盾就不難得到妥善的解決。

　　不久前，我的一個閨密正在因結婚聘禮的事兒而發愁。因為她的父母希望，未來的女婿不僅要對自己的女兒好，而且經濟條件也要好，最好有錢有房有車。但是男方的父母則希望，未來的兒媳婦要為人賢慧，最好勤儉持家，如果不要那麼多聘禮就更好了。

　　結果，男方的父母就認為女方父母太勢利，太看重金錢；而閨密的父母也是希望自己的女兒嫁出去之後，不要為柴米油鹽而擔心，希望女兒嫁得好。就這樣，閨密的男友埋怨她為何不跟她的父母好好說說情況，雖然自己現在沒錢，但是會對她好。但是，我的閨密又覺得自己的父母雖然行為極端，卻也是為了自己好，自己將終生託付給男友，錢也是誠意的一種表現。就這樣，雙方一直膠著不下，溝通無果。可見，問題的關鍵就在於每個人都只站在自己的立場上思考問題，而沒有站在

對方的立場上進行換位思考。

其實,生活中類似的問題很常見。俗話說「要以責人之心責己,要以寬己之心寬人」。現實中,如果我們遇事時都能夠學會換位思考,多體諒一下對方,我相信一切問題都將迎刃而解。

在人生的旅途中,我們會遇到許許多多的煩心事,這些事不同程度地困擾著我們的身心,其實,我們大可從不同的角度看待它們,學會換位思考,這樣做不僅可以給自己減輕煩惱和痛苦,同時也能夠給對方減少麻煩。正如俄國地理學家克魯泡特金所說:「對人類而言,換位思考是互助的前提。」實踐也同樣證明,現實總會對善於「投桃」的人「報李」。學會對身邊的人換位思考吧,因為,這個方法在任何時候都能夠發揮出化腐朽為神奇的效果。世界如此美好,為何不放寬自己的視野?

親和效應：
大家都喜歡那個有親和力的人

在交際應酬中，人們往往會因為彼此間存在著某種共通之處或者相似之處，從而感到彼此間更加容易接近，雙方由此萌生親近感。這種親近感能夠促使雙方進一步相互接近與相互瞭解，這種現象被稱為「親和效應」。

研究發現，一個人的舉動、表情和說話的方式，往往代表著他的素質和格調。一般來講，具有親和力的人更容易使周圍人感到親切，人們也願意與之接近；相反，人們對於一臉嚴肅或者不苟言笑的人，通常認為這樣的人很冷漠，心理上亦對其有較多排斥。由此可見，大家都喜歡接近具有親和力的人，而不喜歡讓人在心理上有距離感的人。

親和力是一種魅力

生活中，不管是跟普通人還是跟名人，第一次見面印象的

好壞，很大程度上都取決於他是否具有親和力。只有那些真正具有親和力的人，才能真正走進大眾的心裡，被眾人所熟知。

芭芭拉‧華特斯被認為是美國最具親和力的新聞節目主持人，也是美國歷史上身價最高的主播，曾被歐普拉‧溫芙蕾稱為是自己的偶像和導師。當華特斯第一次踏入新聞行業時，沒人想到她日後會成為新聞界一顆閃耀的新星。華特斯曾這樣評價自己：「其實一開始我並不被其他人看好，我有濃重的口音，發音不清楚，我長得也不漂亮⋯⋯但是，我能夠讓別人暢所欲言。」

在電視歷史上，相比於其他記者，華特斯採訪過更多的政治家和公眾人物。她採訪過包括尼克森以後的所有美國總統，此外，她還採訪過多位其他國家的領導人。可以說，她能夠跟自己想採訪的任何政治人物說上話。

「她有自己的一套方法，多年來已經練得爐火純青，可以讓受訪者公開談論自己不想說的事。」華特斯專欄的製片人比爾格迪評價她說。那麼，為什麼華特斯可以做得這麼好呢？原因就在於她身上所具有的親和力，讓人能夠對她產生一種信任感，從而放下心防對她暢所欲言。

可見，親和力就是在交際中能夠讓人感覺很舒服的一種能力，可以說，這是一種頂級的人格魅力。子夏評價孔子「望之儼然，即之也溫」就是這句話最好的體現。所以，不管是在人際交往中，還是在工作中，具備這種親和力魅力的人，都能夠

讓人有種親近感，不由得想接近，而這樣的人才能受到眾人的歡迎，也更容易取得成功。

以親和力贏得人心

蘇格蘭社會心理學家威廉‧麥獨孤就曾說過：「人際親和是人的本能之一，是動物進化中的自然選擇。」做一個友好親和的人，往往在行為上表現為一句貼心的問候、一個禮貌的稱呼、一個友好的微笑、一個贊同的手勢，甚至是一個理解或鼓勵的眼神，而這些感情全部是由人們從內心抒發出來的。做一個友好親和的人，自己的內心必須有一種良好的願望，那就是無論何時何地都希望他人能夠像自己一樣生活美滿而幸福。

勞倫是位來自洛杉磯的職場女性，她穿著時髦，十分講究品味。勞倫想要放慢生活節奏，有更多的時間來做自己喜歡的事情。於是，她搬到了美國西南部的一個小城鎮。儘管她非常喜歡這個城市和當地的居民，但是她總感覺自己和周圍的人格格不入，始終無法融入當地生活。最終，她的朋友指出，她的穿衣打扮和交談方式，會讓當地人覺得她有些裝腔作勢、高人一等。從那以後，勞倫開始特意穿得比較隨意，與人談論當地發生的事情，還經常參加一些聚餐、社區服務等活動，試著讓自己更加容易接近。雖然剛開始她感覺很不舒服，不習慣隨意的穿著，不習慣談論經營農場。但是，一、兩個月過去了，勞

倫漸漸地融入了當地生活，與新鄰居和新同事交流也更容易了。

這就是親和效應的具體體現。心理學研究表明，每個人的外表都反映了他的內心，你的穿著、動作、語言、眼神都在告訴別人，你是孤高的人還是友善的人。如果你表現得非常孤高，那麼大家就會覺得你很難相處，就沒有人願意與你交談了。如果你表現得非常友善，那麼你會輕易地獲得人心，在人際交往中更受歡迎。

因此，我們要利用親和效應來拓寬人際交往的管道，只要我們友好親和地對待別人，別人才會感覺輕鬆而沒有負擔，才會消除心理戒備，才會讓別人對自己產生信賴乃至依賴的感覺，這也是一種道德的力量。

第十二章

居安思危：
別讓小事毀了你的成功

破窗效應：
千里之堤，潰於蟻穴

美國的心理學家曾做過這樣一項實驗：找來兩輛一模一樣的汽車，一輛停在加州某市的中產階級社區，另一輛停在紐約某個相對雜亂的社區。心理學家把停在紐約社區的那輛車的車牌摘掉，頂棚打開，結果當天車就被偷走了。而放在加州社區的那輛車，一個星期也沒有動靜。後來，心理學家直接在那輛車的玻璃上敲了個大洞。結果沒過幾個小時，車就不見了。

基於這項實驗，學者們提出了一個新概念：「破窗效應」。所謂「破窗效應」指的是：如果一棟建築物的窗戶玻璃被人打破了，而這扇窗戶又得不到及時的維修，那麼越來越多的人就會被縱容去打破更多的窗戶。久而久之，這棟建築物會給人造成一種無序的感覺，然後逐漸被公眾忽視，犯罪也會自然而然地在這裡滋生出來。

在日常生活中，我們經常會看到「破窗效應」的具體體現，如：早上尖峰時段，十字路口處人流如潮湧，大家都在交

通號誌燈前焦急地等待綠燈亮起,終於,有一位擔心上班遲到的小姐等不及了,她決定橫越馬路。在這種情況下,如果交通警察不及時加以制止,其他人就會一股腦地緊跟在小姐身後。在整潔的廣場上,你也許不好意思隨手丟棄手中的菸蒂,而是在周圍尋找垃圾箱。如果廣場上髒亂不堪,一地穢物,你會毫不猶豫地將菸蒂從手中彈出,任其跌落。在車站排隊候車時,如果大家都秩序井然地排隊上車,那麼後面的人也會跟著排隊。反之,如果突然有人插隊,或者大家爭先恐後地搶著上車,那麼最終一定會亂成一團。

勿以惡小而為之

有一家美國公司,雖然規模較小,卻極少開除手下的員工。一天,資深車工傑瑞在切割臺上工作了一會兒,就順手卸下了切割刀前的防護擋板。沒有了防護擋板,雖然埋下了安全隱患,卻提高了工作效率。沒想到,傑瑞的這一舉動剛好被無意間走進廠區巡視的上級主管抓了個正著。主管大發雷霆,命令他立即將防護擋板裝上,然後又站在那裡大聲訓斥了他半天,並宣稱要將傑瑞一整天的工作全部作廢。第二天一上班,傑瑞就被通知去見老闆。老闆對他說:「身為一名老員工,你應該很清楚生產安全對公司意味著什麼。你今天少完成了零件,少實現了利潤,這並沒有關係,公司可以再找人、找時間

將它們補回來，可是一旦發生事故，你可能會永遠失去生命和健康，那是公司無論如何都補償不起的……」

被公司開除的那天，傑瑞流淚了，辛辛苦苦工作了幾年時間，公司裡從來沒有人說他不行。但這一次不同，傑瑞知道，他這次觸犯了公司的靈魂。

在管理實踐中，管理者必須時刻對那些看起來是輕微的、無關緊要的，但卻觸犯了公司核心價值的「小的過錯」保持高度警惕，並堅持嚴格管理。常言道：「千里之堤，毀於蟻穴。」只有及時修好第一扇被打破的窗戶，才能避免造成更大的損失。

古訓有云：勿以惡小而為之，勿以善小而不為。我們當然不能做第N次打破窗戶的人，此外，我們還要努力承擔起修復「第一扇窗戶」的重任。即使當我們無力去改變環境的時候，也不要讓自己成為一扇「破窗」，切記勿以惡小而為之。

防微杜漸，防患於未然

生活中，其實很多事情的惡化都離不開後面那一雙雙推波助瀾的手，而這正是「破窗效應」給予我們的啟示。我們常常在面對「第一扇破窗」時，不斷地進行自我暗示：窗戶可以被我隨意地打破，並且我不會受到任何懲罰。這樣想著，不知不覺，我們就成了第二雙手、第三雙手……所以，在「破窗效

應」的影響下，人們彷彿置身於一種無序的環境中，最終製造出「千里之堤，毀於蟻穴」的惡果，因此，我們要做到防微杜漸，防患於未然。

在1980年代，美國的紐約以「髒、亂、差」聞名於世，由於環境十分惡劣，同時犯罪活動猖獗，地鐵的治安狀況極其糟糕，那時紐約的地鐵被認為是「可以為所欲為、無法無天的場所」。紐約市的警察局長布拉頓受到「破窗理論」的啟發，號召所有的交通警察嚴格推進與「生活品質」有關的法律，雖然地鐵站的刑事案件不斷增加，但他卻將全部警力集中起來打擊逃票行為。結果，從抓逃票者開始，地鐵站的犯罪率居然有了大幅度的下降，治安狀況也得到了極大的改善。布拉頓這樣做的理由是：小奸小惡是暴力犯罪的溫床。只有對這些看似微小，實則貽害無窮的違規行為進行徹底整頓，才能有效地減少刑事案件發生的數量。

「破窗效應」告訴我們，環境對人具有強烈的暗示性與誘導性，這就要求我們必須及時修好第一扇被打破的窗戶。換言之，我們必須要做到防微杜漸，問題發生後要立即止損，防止事態的進一步惡化。

骨牌效應：
用細節去影響全局

很多人都玩過類似多米諾骨牌的遊戲：將若干張骨牌按照一定的距離排列，然後推倒第一張骨牌，骨牌倒下時會推倒第二張，接著第二張又會撞倒第三張……直到所有的骨牌全部被撞倒。這個現象被稱為「骨牌效應」，也叫作「多米諾效應」。這個效應告訴我們這樣一個道理：一個很小的初始力量可能會引發一系列的連鎖反應，或許那只是一種不易察覺的漸變，但是它卻能引發翻天覆地的變化。所以，在日常生活中，我們不能忽視任何一個微小的事物。因為往往一個看似很小的細節，很可能就會成為改變全局的觸發點。

細節成就完美

1886年，為了紀念美利堅合眾國成立110週年，法國政府將一座雕刻了近10年、高約46公尺的自由女神像送給美國。

直到今天，這座雕像依然是美國的標誌性建築之一，它已經成為全世界嚮往自由的人心中一個神聖的存在。

在雕像矗立在自由廣場的100多年以後，有一位畫家，為了能看清自由女神像頭部的所有細節，他決定駕駛著一架私人小飛機飛到90公尺的高空，俯瞰自由女神像。結果，眼前的一幕令他驚呆了：一雙充滿火熱激情的眼睛，豐富的面部表情，一縷縷飄逸而富有韌性的頭髮，額頭、鼻翼兩側棱角分明的線條……這一切都被雕塑家刻畫得生動傳神。看到眼前美輪美奐的自由女神像，這位挑剔的畫家不由得發出了長長的讚歎。其實，很多事情就是這樣，要想達到完美很難，因為必須處理好每一個細節；而毀掉完美卻十分簡單，只要一個細節出錯就可以。

自由女神像的雕塑者名叫菲德里克‧奧古斯特‧巴托爾迪。他用自己的雙手雕刻出每一個完美的細節，那些最細微、最不可能為人所注意的部位，他也絲毫沒有馬虎，即使某些細節人們可能永遠都不會看到。但雕塑家始終沒有放鬆對自己的要求，他一刀一刀地在巨大的自由女神像上入神地雕刻著，逐漸地，刀銼下的完美細節被一點點地勾勒了出來，自由女神像被他賦予了真正的生命。巨大的自由女神像能夠以近乎完美的形象展現在人們面前，正是因為雕塑家巧奪天工的雕刻技術，以及雕塑家對於完美細節的不懈追求。一件完美的藝術品離不開藝術家對細節的把握，由此可見細節可以成就完美。

細節影響全局

全局是由許多的具體細節構成的，只有這些細節的完美才能構成全局的完美。很多事情每個人都能夠做，但是做出來的效果不一樣，這往往是由每個人在細節上所下的功夫決定的。

中國有許多關於注重細節的成語，比如：一著不慎，滿盤皆輸；千里之堤，毀於蟻穴。在一個存在內部聯繫的體系中，一個很小的初始力量就可能導致一連串的連鎖反應，最終導致全盤傾覆。

小王大學畢業後，進入了一家互聯網公司。他在工作的時候，經常犯一些小錯誤，比如發給主管或客戶的郵件寫錯日期，發快遞的時候寫錯電話號碼。主管批評他，要求他工作時多注重細節。他卻覺得這些都不算什麼大錯誤，也不會給公司帶來什麼損失，就沒有放在心上。有一次，主管讓小王通知行政部的同事明天下午三點準時到機場接一位重要的客人，小王在給行政部發郵件的時候，不小心將明天下午三點寫成了明天下午五點。結果，第二天客人到達機場後遲遲等不到人，非常生氣，直接取消了會面。這位客人是公司主管專門從國外請來的人工智慧專家，對公司的未來發展相當重要。因為小王的疏忽，導致公司損失重大，他自己也被公司辭退了。

托爾斯泰曾經說過，一個人的價值不是以數量而是以他的深度來衡量的。生活原本都是由細節組成的，決定成敗的常常

是那些微若沙礫的細節。細節，它從來不會呼風喚雨，也產生不了立竿見影的效果；它微小且細緻，卻在潛移默化中影響著事物的前進與發展，真正做到了「潤物細無聲」。

　　細節能夠決定一個人的人生成敗。所以，只有關注細節，重視細節，我們才能成就大事，因為細節會對一個人的事業和未來產生深遠的影響；一個環節如果出現漏洞，整個流程就無法正常運轉；一個細節如果出現問題，整個大局就會全盤傾覆。

「100－1＝0」定律：
1%的失誤會帶來100%的失敗

「100－1＝0」定律，最初源於一項監獄的看守紀律，是說不管以前幹得多好，一旦有一個犯人逃跑，那就是永遠的失職。在很多人看來，這樣的紀律似乎過於嚴苛。但從防止罪犯重新危害社會的層面上來說，監獄管理做到百無一失是非常有必要的。後來，這一定律被管理學家引入企業管理和商品行銷中，而且很快就得到了廣泛的應用和流傳。

正如美國一家知名公司的一句名言所說：如果全球市場中的1個消費者對某產品或服務的品質感到滿意，那麼他會告訴其他5個人；如果不滿意，他就會告訴50個人。所以對於顧客來說，產品和服務品質只有好壞之分，沒有什麼比較好或者比較差，好就是100%，不好就是0。哪怕只有1%的不合格產品，對於購買到這個不合格產品的顧客來說，他就是100%的損失。換句話說就是，1%的失誤必然導致100%的失敗。

1%的失誤造成100%的損失

常言道：禍患常積於忽微，智勇多困於所溺。很多事例足以證明一個無可爭辯的事實，那就是失誤，即便是五十億分之一的失誤，同樣也會帶來毀滅性的打擊。

2003年2月1日，美國哥倫比亞號太空梭不幸發生爆炸，世界為之震驚。但誰能想到，造成這一災難的罪魁禍首居然是一塊脫落的隔熱瓦。要知道，太空梭在返回大氣層時，要利用覆著在機身表面的兩萬餘塊隔熱瓦，來抵禦因磨擦產生的3000℃高溫，從而避免太空梭的外殼被高溫所熔化。因為兩萬餘塊隔熱瓦中的一塊出現了問題，最終導致美國哥倫比亞號太空梭在升空過程中發生爆炸，釀成機毀人亡的慘禍。

在美國哥倫比亞號太空梭升空80秒後，一塊從燃料箱上脫落的隔熱瓦擊中了太空梭前部左翼的隔熱系統。為什麼會出現這樣的情況？照理說，太空梭的整體性能和技術標準都應該是一流的，但就是因為這一小塊脫落的隔熱瓦，最終摧毀了一架價值不菲的太空梭，還有再也無法挽回的7條寶貴的生命。事實上，正是因為這次發生的慘禍，令美國的航太事業遭受到了前所未有的重創。

美國的航太事業因為一個小小的失誤，最終造成了難以彌補的損失。這不禁令人唏噓，同時也驗證了「1%的失誤必然導致100%的失敗」這一定律。

1%的服務成就100%的口碑

進入移動互聯時代,人與人之間的資訊分享變得非常快捷。一些表現不錯的企業會迅速受到大眾的追捧,但是,同樣地,如果企業出現了微小的失誤,這個企業的負面消息也會不脛而走,迅速傳播到社會的各個角落,企業的口碑和評價也會因此跌到谷底。所以,任何想在激烈的市場競爭中取勝的企業,都必須警惕1%的失誤,並且要竭盡全力地將服務做到100%。著名的賓士公司就很好地詮釋了這句話。

從前,有一個法國的農場主駕駛著他的賓士貨車到德國去。然而,當車子行駛到半路時,引擎出現了故障,車子拋錨了。這位農場主又氣又惱,大罵一貫以高品質宣傳自己的賓士公司騙人。過了一會兒,他的情緒慢慢平靜了下來,於是,他抱著試一試的心態,用車上的簡易發報機向賓士公司的總部發出了求救信號。令他萬萬沒想到的是,僅僅過了幾個小時,賓士汽車修理廠的維修工人就在工程師的帶領下,特地搭飛機來為他提供維修服務。一下飛機,維修人員立即向這位農場主表達了十足的歉意:「對不起,讓您久等了。我們立即為您修理車子。」他們一邊安慰農場主,一邊開始了緊急的修理工作。一會兒的工夫,車子就修好了。

看見車子修好了,法國農場主滿意地問道:「我需要支付多少錢?」「我們樂意為您提供免費的服務!」工程師回答。

「免費？我一定是聽錯了。」農場主本來以為他們會收取一大筆昂貴的維修金，聽到這些，他大吃一驚，簡直不敢相信自己的耳朵，「但你們是搭飛機來的呀？你們為此花費了大量的成本……」「但是，是因為我們生產的產品出了問題，才導致了這樣的結果。」工程師一臉歉意地說，「因為我們的品質檢驗沒做好，才使您遇到了這些麻煩，我們理應為您提供免費的維修服務。」聽到這話，法國農場主深受感動，不斷地誇讚他們，誇讚賓士公司。應該說，正是因為賓士公司這種「不放過任何一個失誤」的服務精神，以及「竭盡全力要將服務做到100%」的服務態度，才造就了賓士公司今天在汽車行業裡當之無愧的領軍地位。

　　通常，我們會認為100減去1還剩下99，但事實上，更多時候100減去1等於0。現實就是這樣：一百次決策，有一次失敗，就可能讓企業關門；一百件產品，有一件不合格，就可能失去整個市場。所以，關鍵就在於我們能夠抓住這重要的1%，做到盡善盡美、精益求精，以此才能避免由這1%的失誤所導致的100%的失敗。

蝴蝶效應：
小疏忽的累積可以引發大災難

羅倫茲在華盛頓的美國科學促進會上提出了這樣一種觀點：一隻蝴蝶在巴西搧動翅膀，有可能會在美國的德州引起一場龍捲風。因為他的演講和結論十分新奇，所以給人們留下了極其深刻的印象。這就是所謂的「蝴蝶效應」。

如果我們用科學的眼光來看，「蝴蝶效應」所反映出的其實是這樣一個道理：初始條件發生的十分微小的變化，在經過不斷放大後，對其未來的狀態會造成極其巨大的影響。換句話說就是，小疏忽的累積可以引發大災難。

在西方，流傳有這樣一首民謠：丟了一枚釘子，壞了一隻蹄鐵；壞了一隻蹄鐵，折了一匹戰馬；折了一匹戰馬，傷了一位戰士；傷了一位戰士，輸了一場戰鬥；輸了一場戰鬥，亡了一個國家。這首民謠對「蝴蝶效應」做出了具象的說明。

由此可見，馬蹄鐵上丟失了一枚釘子，本是初始條件發生的十分微小的變化，但其不斷放大的結果，居然關係到一個國

家的生死存亡，這正是「蝴蝶效應」在軍事和政治領域的體現。這聽起來似乎有些不可思議，但是事實的確如此，「蝴蝶效應」確實能夠造成這樣的惡果。

小疏忽引發大災難

協和號超音速客機墜毀的事例，可以說是對「小疏忽引發大災難」這句話最好的證明。一架美國的客機從巴黎機場起飛；在起飛過程中，一個金屬緊固件從引擎表面脫落下來，遺失在跑道上；5分鐘後，當另一架協和號客機也從這條跑道起飛時，左起落架的一個輪胎剛好壓在這個金屬緊固件上，輪胎瞬間爆炸，碎片飛濺；其中一塊很大的輪胎碎片碰巧擊中了飛機左翼上方的油箱密封口，巨大的衝擊力導致燃油外洩；而另一塊輪胎碎片恰巧擊中了控制系統的一根電源線；電源線斷頭打出的火花，點燃了外洩的燃油，導致飛機起火；此時飛機尚未離開跑道，指揮人員發現了異常，立即通告協和客機機長，命令他停止升空。然而，機長沒有及時判明事故狀況，在飛機已經起火的情況下決定繼續升空；起飛70秒後，飛機失控墜毀。

毫無疑問，這場重大事故是一連串小錯誤接踵而至的結果。一個小的初始事故發生了，因為沒有被發現或解決，隨後發生的一系列事件加劇了初始事故的嚴重性和破壞力。而在這

個「錯誤鏈條」當中，每一個單獨的錯誤都可以被避免，如果是單獨發生或以另外的次序發生，或許也不會造成重大損害，但恰恰以這種順序發生，導致了最嚴重的後果。由此可見，小疏忽具有強大的破壞力，我們需謹慎對待。

小錯誤導致大損失

一位企業家說：「如果將企業出現危機比作人患了一場大病的話，那麼病入膏肓通常意味著我們忽視了發病前許多微不足道的早期症狀。所以，一名合格的企業家，必須具備一種敏銳的洞察力，在發病前，發現這些早期症狀，做到防患於未然。」誠然，如果任由企業中一條小錯誤不斷發展、延續，那麼，這家公司最終將難逃被毀滅的命運。其中，安然公司就是一個很明顯的例子。

安然公司原本是一家合法經營的企業，但後來為了在股市中漁利，於是在海外成立了幾家合夥公司，然後再將公司的資金轉投進這些合夥公司，進行高風險的投機交易。沒想到，2000年年初的時候，金融泡沫開始逐漸破裂。安然公司進行的投機交易很快出現了巨額虧空。安然公司無法向投資人交代，因此決定以謊報利潤的方式來「暫時」沖銷掉這些虧損。為了進行虛假對沖交易，安然公司首席財務長在摩根大通的一家分行裡一天之內開設了700個帳戶。

2002年1月20日，安然公司的一名高級職員向公司董事長發送了一封電子郵件，郵件中詳細地列舉了公司涉及財務詐欺的各個有關事項。然而，直到此時，公司高層仍然企圖掩蓋真相。最終，這家公司由於財務虧損嚴重，宣告破產。

正如人們所常說的：「當你開始說第一個謊言的時候，後面要用很多謊言來圓這一個謊言。」安然公司一步步地走向毀滅正是由一個個錯誤引發的，最後造成了難以挽回的損失。

以上兩個案例的結局不由得讓人唏噓。反思這些失敗的案例，給我們提供了一條重要的啟示，也就是說我們不能完全避免孤立和偶然的錯誤，一定要善於發現可能出現的小錯誤，並且及時地採取相應的措施，只有徹底切斷「錯誤鏈條」，才能防止災難性事件的發生。因為往往是小錯誤，被人們輕易疏忽了，才最終導致了致命的結果。要知道，「錯誤鏈條」一旦連通，所造成的損失將再也沒有挽回的機會。

稻草原理：
量變引發質變，要對隱患保持敏感

說起「稻草原理」，有些人可能覺得沒太大印象，但是這一原理所講述的故事，很多人都聽過，而且發人深省：某人將一根稻草放在一匹駿馬的身上，馬毫無反應，再往馬身上添加一根稻草，馬依然沒有感覺，於是，他又添加一根，就這樣一直不停地往馬身上添加稻草，結果，當最後一根稻草輕輕地落到這匹馬身上的時候，這匹馬再也不堪重負，隨即癱倒在地。

生活中，我們經常會聽到「壓垮駱駝的最後一根稻草」，其實就是我們所說的「稻草原理」。這一原理告訴我們，任何事物的產生和發展都要經歷一個從量變到質變的過程，當量變累積到一定程度時，必然會產生質變。

不要做添放最後那根稻草的事情

其實，不止駿馬和駱駝會被一根不起眼的稻草壓垮，生活

中的安全生產也是這樣。在日常生產中，如果我們對於小的違規行為不去制止、對常見違規操作見怪不怪、對安全管理制度不加以落實等做法，都是一根根放在這匹「駿馬」或「駱駝」身上的「稻草」，而當這些具有極大隱患的「稻草」達到一定數量時，安全生產必然無法保障，從而引發安全事故。

某工廠的一名檢修人員為了更換輸煤皮帶，僅用一條尼龍繩作為簡易圍欄，然後就打開了吊砣間的起吊孔。一天上午，工作負責人于某帶領岳某在吊砣間疏通落煤筒，雖然發現起吊孔未設置圍欄，但在沒有任何防護措施的情況下，仍然進行高空作業。在一工作人員用大錘砸落煤筒時，岳某為了躲避大錘而自然後退，結果不慎從起吊孔上失足墜落，後經搶救無效死亡。

這一事件暴露了哪些問題呢？首先，檢修人員在打開起吊孔前，沒有設置安全可靠的剛性臨時圍欄；其次，雖用尼龍繩設置了簡易圍欄，但由於尼龍繩過於鬆動，事實上根本起不到任何防護作用；最後，工作負責人帶領作業人員開始作業前，雖發現臨時圍欄起不到任何防護作用，但由於工作負責人缺乏責任心，並未強制要求檢修人員設置安全可靠的剛性臨時圍欄。

可見，事件中所暴露的問題，無疑都是放在安全生產上的一根根「稻草」，量變引發質變，最終導致了事故的發生。其實，只要有一個問題能夠引起足夠的重視，或許就不會造成人

員死亡的重大損失。因此，在日常生活中，我們不要忽視任何微小事物的能量，應該時刻牢記「量變引發質變」的道理，切勿做添放最後那根「稻草」的事情。

要對小的隱患保持足夠的敏感

其實，很多大的災難都是由於當初一個小小的失誤引起的，歸根結底還是沒有對小的隱患保持足夠的敏感，從而加以制止，才最後造成了重大損失。「環大西洋號」海難就是一個慘痛的教訓。

巴西海順遠洋公司的「環大西洋號」海輪在海面上發生了火災，當救援船隻趕到事發地點時，「環大西洋號」已經沉沒了。救援人員在一個密封的瓶子裡找到一張字條，從遇難船員留下的字條上，救援人員明白了這艘船沉沒的原因。

一名水手私自買了一盞檯燈回來，他的同事並沒有制止他；他隨手將檯燈打開，離開房間時沒有關燈；負責安全巡視的人漏掉了這個存在安全隱患的房間。結果，開著的檯燈在海輪的顛簸中滾落到了地上，點燃了地毯；地毯上的火苗慢慢爬上桌腿、桌布和床單……電路被燒斷，出現跳閘；電工並沒有在意，漫不經心地合上了電閘；房間裡的消防探頭被拆掉了，新的探頭還沒有安裝好，所以無法報警，火苗就這樣靜悄悄地蔓延著；焦糊的氣味傳了出來，管輪的海員聞到了，立即打電

話給廚房詢問情況；廚房說沒問題，卻沒有一個人追查不良氣味從何而來；下午，所有人員都離開崗位，去廚房參加聚餐了；晚上，醫生放棄了日常的巡檢，也放棄了發現火災的最後一個機會！

當大火終於被發現時，一切都太晚了：著火的房間已經完全被燒穿，水手區的門被徹底封死了，怎麼也進不去；消防栓鏽蝕打不開，無法滅火；救生筏被牢牢地綁住，無法逃生。而這些問題船長在此前根本沒有發現，因為他沒有看甲板部和輪機部的安全檢查報告。

事實證明，每一次事故的發生都是由一點一滴的不安全因素累積而成的。可見，事故的發生正是量變引發質變的結果。如果每一次事故的隱患或苗頭都能得到足夠的重視，那麼也許所有事故都可以被避免。安全工作，須從大處著眼，從小處入手；我們應該對小的隱患保持足夠的敏感度，並以嚴謹認真的態度，做到防微杜漸，防患於未然。只有構築牢固的安全屏障，才能確保安全生產穩步、高效地進行下去。

頂層思維：逆轉人生的神奇心理效應/趙洪濤作. -- 初版. -- 臺北市：春天出版國際文化股份有限公司, 2025.03
面 ； 公分. -- (Progress ； 39)
ISBN 978-626-7637-41-8(平裝)
1.CST: 成功法　2.CST: 思維方法

177.2　　　　　　　　　　　　　114001089

頂層思維

Progress 39

作　　　者◎趙洪濤	總　經　銷◎楨德圖書事業有限公司
總　編　輯◎莊宜勳	地　　　址◎新北市新店區中興路2段196號8樓
主　　　編◎鍾靈	電　　　話◎02-8919-3186
出　版　者◎春天出版國際文化股份有限公司	傳　　　真◎02-8914-5524
地　　　址◎台北市大安區忠孝東路4段303號4樓之1	香港總代理◎一代匯集
電　　　話◎02-7733-4070	地　　　址◎九龍旺角塘尾道64號 龍駒企業大廈10 B&D室
傳　　　真◎02-7733-4069	電　　　話◎852-2783-8102
E ─ m a i l◎frank.spring@msa.hinet.net	傳　　　真◎852-2396-0050
網　　　址◎http://www.bookspring.com.tw	
部　落　格◎http://blog.pixnet.net/bookspring	
郵政帳號◎19705538	
戶　　　名◎春天出版國際文化股份有限公司	
出版日期◎二○二五年三月初版	版權所有‧翻印必究
二○二五年六月初版四刷	本書如有缺頁破損，敬請寄回更換，謝謝。
定　　　價◎360元	ISBN 978-626-7637-41-8
	Printed in Taiwan

中文繁體版通過成都天鳶文化傳播有限公司代理，由北京盛世雲圖文化傳媒有限公司授予春天出版國際文化有限公司獨家出版發行，非經書面同意，不得以任何形式複製轉載。